100ネエサン スタイルブック

おしゃれに着せ替えて遊ぶ布ぬりえ

中島一恵

Prologue

早いもので「100ネエサン」が誕生してから5年の月日が経ちました。
　当初は刺繍をワンポイント程度に施した提案でしたが、手にしてくださったみなさんがさまざまな
スタイリングを見せてくださり、ネエサンたちはどんどん成長してきました。
　最近では、達成感のアイテムにもなっているようです。

　この度、素材が変わり刺繍に最適な生地にプリントされた100ネエサンが登場しました。そこで
この本では、改めて刺繍の楽しさをはじめとしたスタイリングの提案をさせていただいています。

　今回は刺繍だけではなく、布用ペンや布テープなど、時代がいろいろな手法を教えてくれました。
肌に色を入れると、息を吹き込まれたように生き生きとしたネエサンが生まれ、布テープを使うと
簡単でおもしろいようにスタイリングの幅が広がりました。
　100ネエサンを、もうすでに何人も手がけていらっしゃる方、手芸の初心者さん、女子、男子、
さまざまなジャンルの方に愛され遊んでもらえることを願って、私のモットーである「ストレスなく!
楽しく!　わかりやすく!　軽快に!」でまとめてみました。

　どうぞ本誌を参考に、世界にひとつのあなただけの100ネエサンをお楽しみください。

中島一恵

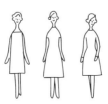

100ネエサンとは

　シンプルな線で描かれた女性のプリントに、刺繍をしたり色を塗ったり布を貼ったりして楽しむ布です。いわばぬりえのように遊べる布。

　100の数字には「沢山の」という意味が含まれています。たくさんの女性たちはそれぞれに違った個性の持ち主です。そんな1人1人をネエサンと呼んでいます。無駄のない線で描かれているのでとてもシンプルですが、よく見てみると表情やポーズ、髪型や服装が違います。中にはヌードなネエサンも。

　そのままでもかわいいネエサンたちですが、洋服の中を刺繍したり、色を塗ったりしておしゃれをしてみてください。ベースのネエサンに線を追加してバッグを持たせたり、背景を描き込んだりするのもOK。より個性的で自由な自分だけのネエサンが作れます。

　最初は色を塗るだけでもかまいません。その次はネエサンをじっと見ていると、こんな服を着せてみよう、髪型を変えてみよう、平面だけじゃなくてちょっと立体感を出してみよう、とアイデアとわくわくが湧き上がってくると思います。

　スタイリングしたネエサンは、そのまま額に入れたりパネルにしたりして飾ってみてください。ネエサンを1人ずつカットしてチャームにしたり、ポーチなどに仕立ててもかわいい小物ができます。

　どんなおしゃれをして楽しむかは自分次第。100人のネエサンの数以上に、もっともっとアイデアと楽しいがあります。

100ネエサンの布

いくつかのシリーズがあり、デザインと布の素材が変化してきています。

※布やキットは廃盤になる場合があります。

布と刺繍糸がセットになったキットとして販売されています。この本ではキットとは違うアレンジを紹介しています。

チャーム

カットクロス

100人のネエサンが一覧になった布。

ネエサンがぶら下がって揺れる様子がかわいいレースです。そのままカットして使います。

スウィングネエサン

100ネエサン購入先

全国の手芸店やネットショップ、著者 web サイトで購入できます。
巻末に掲載の株式会社ルシアンにお問い合わせください。

フレーム

布と刺繍糸とフレームがセットになったキットとして販売されています。この本ではキットとは違うアレンジを紹介しています。

巾着

巾着と刺繍糸がセットになったキットとして販売されています。巾着の状態に仕立てられているので、ネエサンをアレンジするだけで OK。この本ではキットとは違うアレンジを紹介しています。

100ne-san

100ne-san

005

Paris

Contents

Tokyo

N.Y.

London

100ネエサン
10の技法の楽しみ方

100ネエサンの楽しみ方は人それぞれ、100人いれば100様の楽しみ方があります。まずは簡単にぬりえのように布用ペンで色を塗ることから始めて、刺繍やアップリケといった糸や布を使うようになると作品の表現の幅も広がって作るおもしろさが増します。この本ではそんな10の技法を紹介しています。これ以外にももっとたくさんの楽しみ方があるはずですので、自由な発想で楽しんでください。

008〜049ページは技法を紹介した基礎編、062〜093ページは技法をミックスしてアレンジした応用編です。どちらもカットクロスのネエサンを使用しています。アレンジとともに、元図にどうアレンジしたか、使った材料などを書き込んでいますので参考にしてください。図の番号はカットクロスの並び順を示しています。表紙に一覧を掲載していますので、照らし合わせてご覧ください。

塗る　布用ペンでぬりえ

刺繍1	刺繍2	刺繍3	刺繍4	刺繍4
線の内側を刺す	線を足してシルエットを変える	アイテムを足す	青1色刺繍	赤1色刺繍

刺繍5	アップリケ	貼る1	貼る2	デコる
フリーステッチングで立体	フェルトパンチャー	くり抜いて布を貼る	上から貼る	ビーズ、スパンコール、ラメ糸

1. 刺繍1　線の内側を刺す

刺繍の基本、ネエサンの線の中を刺します。
洋服は刺し埋めても、花柄のような飛び柄にしてもかわいらしくできます。

材料 100 ネエサンカットクロス、COSMO25 番刺繍糸

頬はすべてストレートS 832（1本取り）

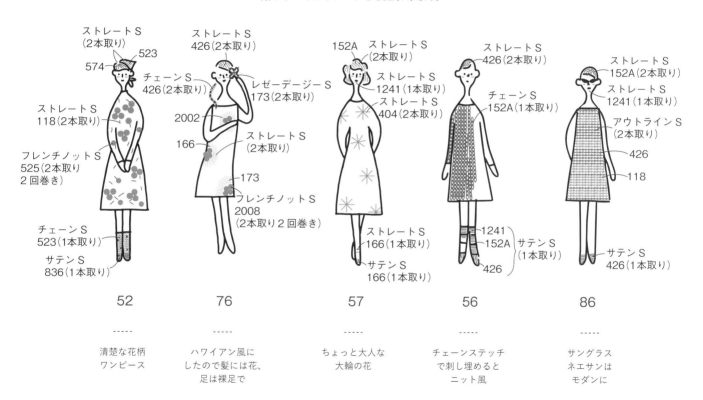

ストレートS
（2本取り）
523
574

ストレートS
118（2本取り）

フレンチノットS
525（2本取り
2回巻き）

チェーンS
523（1本取り）

サテンS
836（1本取り）

52

ストレートS
426（2本取り）

チェーンS
426（2本取り）

2002

166

レゼーデージーS
173（2本取り）

ストレートS
（2本取り）

173

フレンチノットS
2008
（2本取り2回巻き）

76

152A　ストレートS
（2本取り）

ストレートS
1241（1本取り）
ストレートS
404（2本取り）

ストレートS
166（1本取り）

サテンS
166（1本取り）

57

ストレートS
426（2本取り）

チェーンS
152A（1本取り）

1241
152A
426

サテンS
（1本取り）

56

ストレートS
152A（2本取り）

ストレートS
1241（1本取り）

アウトラインS
（2本取り）

426

118

サテンS
426（1本取り）

86

清楚な花柄
ワンピース

ハワイアン風に
したので髪には花、
足は裸足で

ちょっと大人な
大輪の花

チェーンステッチ
で刺し埋めると
ニット風

サングラス
ネエサンは
モダンに

材料 100 ネエサンカットクロス、COSMO25 番刺繍糸

頬はすべてストレート S 832（1本取り）

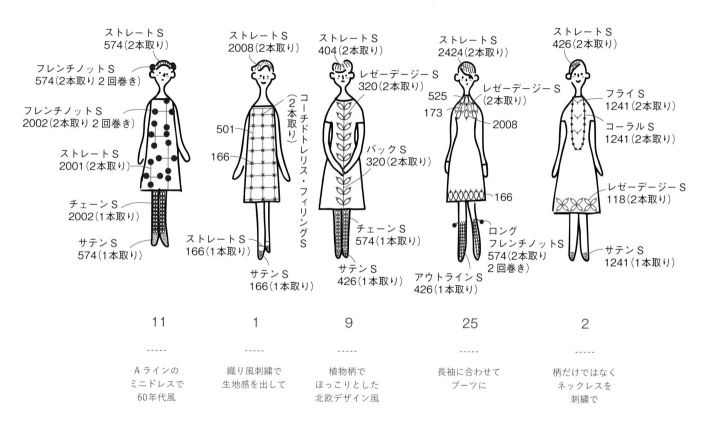

ストレート S
574（2本取り）

フレンチノット S
574（2本取り 2 回巻き）

フレンチノット S
2002（2本取り 2 回巻き）

ストレート S
2001（2本取り）

チェーン S
2002（1本取り）

サテン S
574（1本取り）

ストレート S
2008（2本取り）

501

166

ストレート S
166（1本取り）

サテン S
166（1本取り）

コーチドトレリス・フィリング S（2本取り）

ストレート S
404（2本取り）

レゼーデージー S
320（2本取り）

バック S
320（2本取り）

チェーン S
574（1本取り）

サテン S
426（1本取り）

ストレート S
2424（2本取り）

525

173

レゼーデージー S
（2本取り）

2008

166

ロング
フレンチノット S
574（2本取り）
2 回巻き）

アウトライン S
426（1本取り）

ストレート S
426（2本取り）

フライ S
1241（2本取り）

コーラル S
1241（2本取り）

レゼーデージー S
118（2本取り）

サテン S
1241（1本取り）

11	1	9	25	2
-----	-----	-----	-----	-----
A ラインの ミニドレスで 60 年代風	織り風刺繍で 生地感を出して	植物柄で ほっこりとした 北欧デザイン風	長袖に合わせて ブーツに	柄だけではなく ネックレスを 刺繍で

2. 刺繍2 線を足してシルエットを変える

さらに自由度を増した刺繍です。
元図の線をいかしつつ、線を書き加えて違うシルエットにします。

054ページ参照

100 ネエサンカットクロス、COSMO25 番刺繍糸、布用ペン（ZIG fabricolor）

頬はすべてストレートS 501（1本取り）

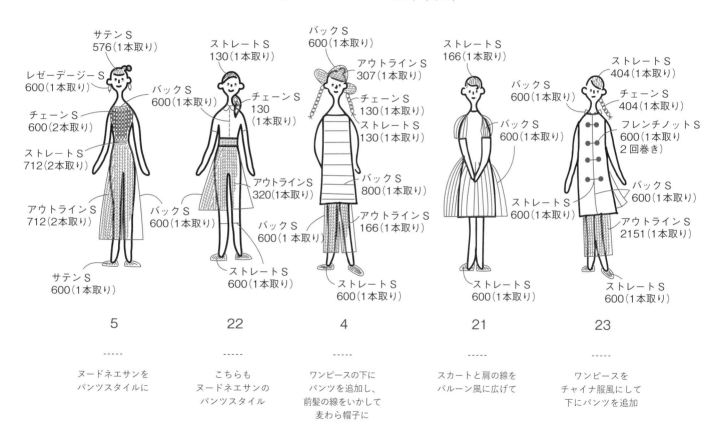

5

サテンS
576（1本取り）

レゼーデージーS
600（1本取り）

チェーンS
600（2本取り）

ストレートS
712（2本取り）

バックS
600（1本取り）

アウトラインS
712（2本取り）

バックS
600（1本取り）

サテンS
600（1本取り）

22

ストレートS
130（1本取り）

チェーンS
130
（1本取り）

アウトラインS
320（1本取り）

バックS
600（1 本取り）

ストレートS
600（1本取り）

4

バックS
600（1本取り）

アウトラインS
307（1本取り）

チェーンS
130（1本取り）

ストレートS
130（1本取り）

バックS
800（1本取り）

アウトラインS
166（1本取り）

ストレートS
600（1本取り）

21

ストレートS
166（1本取り）

バックS
600（1本取り）

バックS
600（1本取り）

ストレートS
600（1本取り）

ストレートS
600（1本取り）

23

ストレートS
404（1本取り）

チェーンS
404（1本取り）

フレンチノットS
600（1本取り
2 回巻き）

バックS
600（1本取り）

アウトラインS
2151（1本取り）

ストレートS
600（1本取り）

ヌードネエサンを パンツスタイルに	こちらも ヌードネエサンの パンツスタイル	ワンピースの下に パンツを追加し、 前髪の線をいかして 麦わら帽子に	スカートと肩の線を バルーン風に広げて	ワンピースを チャイナ服風にして 下にパンツを追加

材料 100 ネエサンカットクロス、COSMO25 番刺繍糸、布用ペン（ZIG fabricolor）

頬はすべてストレート S 501（1本取り）

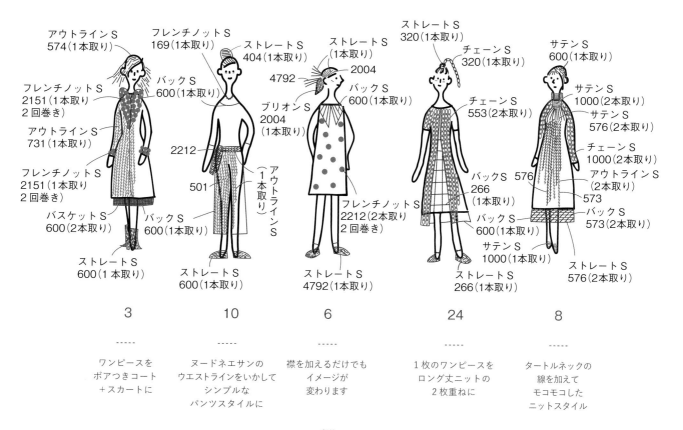

アウトライン S
574（1本取り）

フレンチノット S
2151（1本取り）
2回巻き）

アウトライン S
731（1本取り）

フレンチノット S
2151（1本取り
2回巻き）

バスケット S
600（2本取り）

ストレート S
600（1本取り）

フレンチノット S
169（1本取り）

ストレート S
404（1本取り）

バック S
600（1本取り）

2212

501

バック S
600（1本取り）

ストレート S
600（1本取り）

アウトライン S
（1本取り）

ストレート S
（1本取り）

4792

ブリオン S
2004
（1本取り）

2004

バック S
600（1本取り）

フレンチノット S
2212（2本取り）
2回巻き）

ストレート S
4792（1本取り）

ストレート S
320（1本取り）

チェーン S
320（1本取り）

チェーン S
553（2本取り）

バック S
266
（1本取り）

バック S
600（1本取り）

サテン S
1000（1本取り）

ストレート S
266（1本取り）

サテン S
600（1本取り）

サテン S
1000（2本取り）

サテン S
576（2本取り）

チェーン S
1000（2本取り）

アウトライン S
（2本取り）

573

576

バック S
573（2本取り）

ストレート S
576（2本取り）

3	10	6	24	8
-----	-----	-----	-----	-----
ワンピースを ボアつきコート ＋スカートに	ヌードネエサンの ウエストラインをいかして シンプルな パンツスタイルに	襟を加えるだけでも イメージが 変わります	1枚のワンピースを ロング丈ニットの 2枚重ねに	タートルネックの 線を加えて モコモコした ニットスタイル

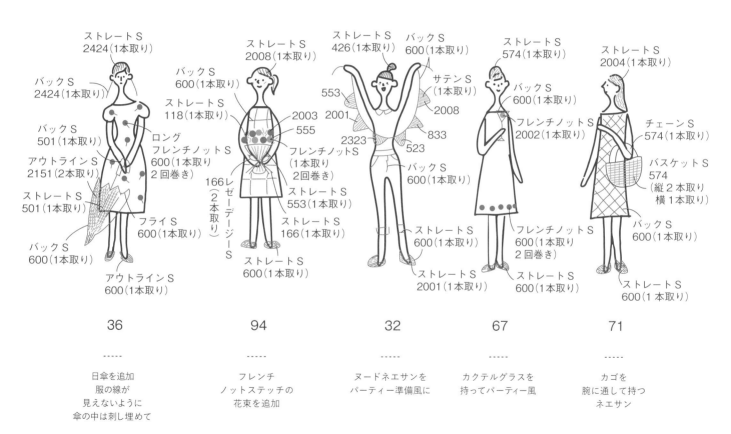

材料 100 ネエサンカットクロス、COSMO25 番刺繍糸、布用ペン（ZIG fabricolor）

頬はすべてストレート S 833（1本取り）

ストレート S
2424（1本取り）

バック S
2424（1本取り）

バック S
501（1本取り）

アウトライン S
2151（2本取り）

ストレート S
501（1本取り）

バック S
600（1本取り）

ロング
フレンチノット S
600（1本取り
2回巻き）

フライ S
600（1本取り）

アウトライン S
600（1本取り）

36

日傘を追加
服の線が
見えないように
傘の中は刺し埋めて

バック S
600（1本取り）

ストレート S
2008（1本取り）

ストレート S
118（1本取り）

2003
555

フレンチノット S
（1本取り
2回巻き）

ストレート S
553（1本取り）

ストレート S
166（1本取り）

166 レゼーデージー S（2本取り）

ストレート S
600（1本取り）

94

フレンチ
ノットステッチの
花束を追加

ストレート S
426（1本取り）

バック S
600（1本取り）

553

2001

2323

サテン S
2008

833

523

バック S
600（1本取り）

ストレート S
600（1本取り）

ストレート S
2001（1本取り）

32

ヌードネエサンを
パーティー準備風に

ストレート S
574（1本取り）

バック S
600（1本取り）

フレンチノット S
2002（1本取り）

フレンチノット S
600（1本取り
2回巻き）

ストレート S
600（1本取り）

67

カクテルグラスを
持ってパーティー風

ストレート S
2004（1本取り）

チェーン S
574（1本取り）

バスケット S
574
（縦2本取り
横1本取り）

バック S
600（1本取り）

ストレート S
600（1本取り）

71

カゴを
腕に通して持つ
ネエサン

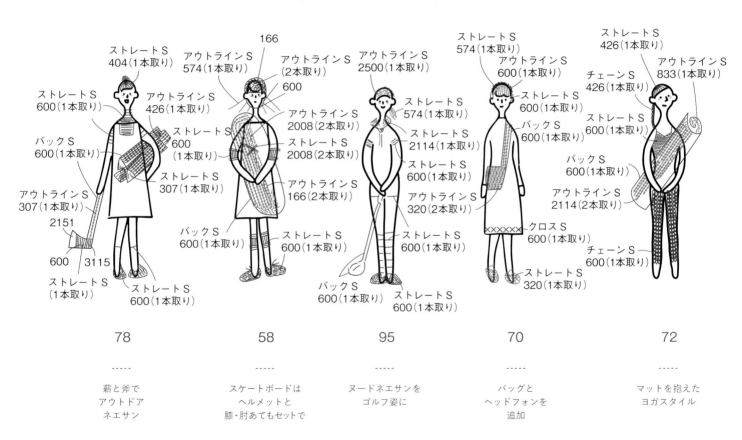

材料 100 ネエサンカットクロス、COSMO25 番刺繍糸、布用ペン（ZIG fabricolor）

頬はすべてストレートS 833（1本取り）

78

薪と斧で
アウトドア
ネエサン

ストレートS
404（1本取り）
アウトラインS
574（1本取り）
ストレートS
600（1本取り）
アウトラインS
426（1本取り）
バックS
600（1本取り）
アウトラインS
307（1本取り）
2151
600　3115
ストレートS
（1本取り）
ストレートS
600（1本取り）

58

スケートボードは
ヘルメットと
膝・肘あてもセットで

166
アウトラインS
（2本取り）
600
アウトラインS
2008（2本取り）
ストレートS
2008（2本取り）
ストレートS
600
（1本取り）
ストレートS
307（1本取り）
アウトラインS
166（2本取り）
バックS
600（1本取り）
ストレートS
600（1本取り）

95

ヌードネエサンを
ゴルフ姿に

アウトラインS
2500（1本取り）
ストレートS
574（1本取り）
ストレートS
2114（1本取り）
ストレートS
600（1本取り）
アウトラインS
320（2本取り）
ストレートS
600（1本取り）
バックS
600（1本取り）
ストレートS
600（1本取り）

70

バッグと
ヘッドフォンを
追加

ストレートS
574（1本取り）
アウトラインS
600（1本取り）
ストレートS
600（1本取り）
バックS
600（1本取り）
クロスS
600（1本取り）
ストレートS
320（1本取り）

72

マットを抱えた
ヨガスタイル

ストレートS
426（1本取り）
アウトラインS
833（1本取り）
チェーンS
426（1本取り）
ストレートS
600（1本取り）
バックS
600（1本取り）
アウトラインS
2114（2本取り）
チェーンS
600（1本取り）

4. 刺繍 4　1 色刺繍　BLUE&RED

1 色だけを使う刺繍。
並べて刺すとシンプルでかっこよく見えます。

材料 100 ネエサンカットクロス、COSMO25 番刺繍糸

刺繍糸：167　ABCDEFGHIJKLM

62	82	90	89	87

サテンS（1本取り）

サテンS（1本取り）　チェーンS（1本取り）　フレンチノットS（1本取り2回巻き）

サテンS（1本取り）　チェーンS（1本取り）

サテンS（1本取り）　ストレートS（2本取り）

サテンS（1本取り）　フライS（1本取り）

ストレートS（1本取り）

チェーンS（1本取り）

チェーンS（1本取り）

チェーンS（1本取り）

チェーンS（1本取り）

サテンS（1本取り）

サテンS（1本取り）

サテンS（1本取り）

NOPQRSTUVWXYZ

刺繍の定番、
イニシャルと
組み合わせて

輪っか三つ編みの
ヘアアレンジ

宇宙服っぽい
イメージで

涼しげな
ブルー＆ホワイト

こちらも
チェーンステッチの
イニシャルネエサン

刺繍糸：1241

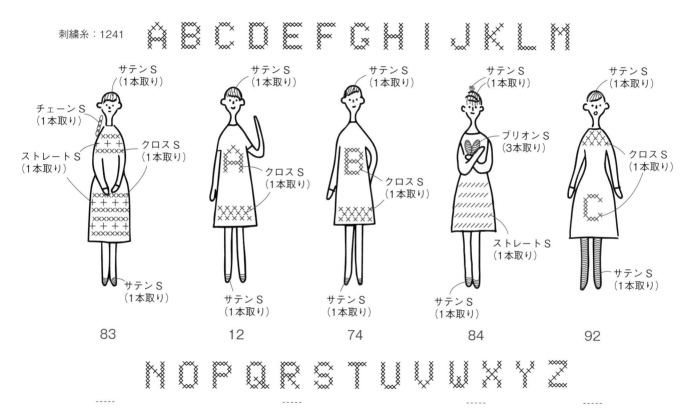

サテンS（1本取り）
チェーンS（1本取り）
ストレートS（1本取り）
クロスS（1本取り）
サテンS（1本取り）

83

サテンS（1本取り）
クロスS（1本取り）
サテンS（1本取り）

12

サテンS（1本取り）
クロスS（1本取り）
サテンS（1本取り）

74

サテンS（1本取り）
ブリオンS（3本取り）
ストレートS（1本取り）
サテンS（1本取り）

84

サテンS（1本取り）
クロスS（1本取り）
サテンS（1本取り）

92

REDの服の模様は
目数を数える
クロスステッチ風

AB姉妹
双子のようですが
それぞれの個性が出ています

ハートを抱きしめて

クロスステッチの位置を
変えるだけで服の印象が
大きく変わります

材料 100 ネエサンカットクロス、COSMO25 番刺繍糸

頬はすべてストレートS 832（1本取り）

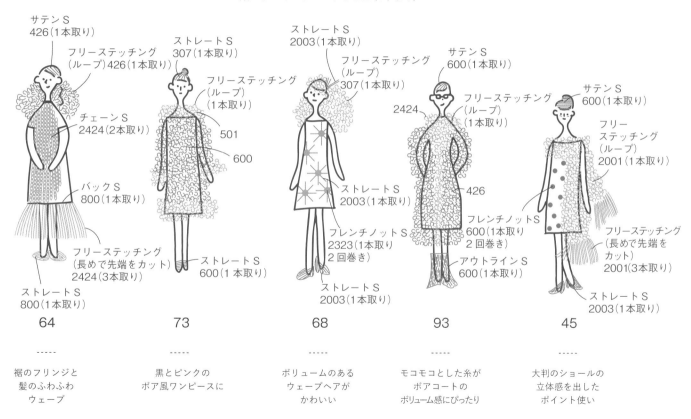

サテンS
426（1本取り）

フリーステッチング
（ループ）426（1本取り）

チェーンS
2424（2本取り）

バックS
800（1本取り）

フリーステッチング
（長めで先端をカット）
2424（3本取り）

ストレートS
800（1本取り）

ストレートS
307（1本取り）

フリーステッチング
（ループ）
（1本取り）

501

600

ストレートS
600（1本取り）

ストレートS
2003（1本取り）

フリーステッチング
（ループ）
307（1本取り）

ストレートS
2003（1本取り）

フレンチノットS
2323（1本取り）
2回巻き）

ストレートS
2003（1本取り）

サテンS
600（1本取り）

2424

フリーステッチング
（ループ）
（1本取り）

426

フレンチノットS
600（1本取り）
2回巻き）

アウトラインS
600（1本取り）

サテンS
600（1本取り）

フリー
ステッチング
（ループ）
2001（1本取り）

フリーステッチング
（長めで先端を
カット）
2001（3本取り）

ストレートS
2003（1本取り）

64	73	68	93	45
-----	-----	-----	-----	-----
裾のフリンジと 髪のふわふわ ウェーブ	黒とピンクの ボア風ワンピースに	ボリュームのある ウェーブヘアが かわいい	モコモコとした糸が ボアコートの ボリューム感にぴったり	大判のショールの 立体感を出した ポイント使い

材料 | 100 ネエサンカットクロス、COSMO25番刺繍糸

頬はすべてストレートS 832（1本取り）

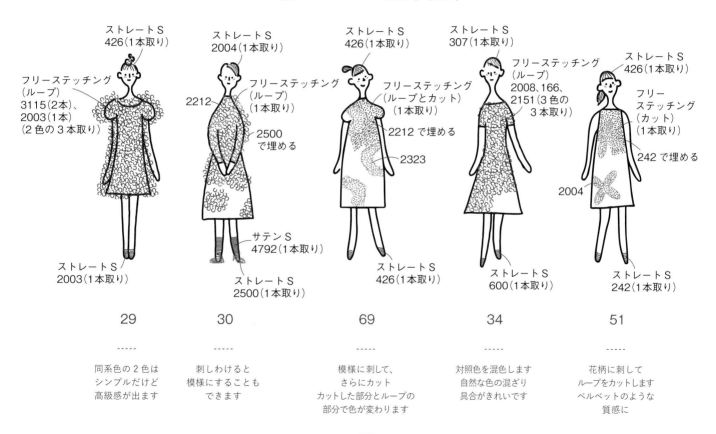

ストレートS 426（1本取り）
フリーステッチング（ループ）3115（2本）、2003（1本）（2色の3本取り）
ストレートS 2003（1本取り）

ストレートS 2004（1本取り）
2212
フリーステッチング（ループ）（1本取り）
2500 で埋める
サテンS 4792（1本取り）
ストレートS 2500（1本取り）

ストレートS 426（1本取り）
フリーステッチング（ループとカット）（1本取り）
2212 で埋める
2323
ストレートS 426（1本取り）

ストレートS 307（1本取り）
フリーステッチング（ループ）2008、166、2151（3色の3本取り）
ストレートS 600（1本取り）

ストレートS 426（1本取り）
フリーステッチング（カット）（1本取り）
242 で埋める
2004
ストレートS 242（1本取り）

29	30	69	34	51
-----	-----	-----	-----	-----
同系色の2色はシンプルだけど高級感が出ます	刺しわけると模様にすることもできます	模様に刺して、さらにカット カットした部分とループの部分で色が変わります	対照色を混色します 自然な色の混ざり具合がきれいです	花柄に刺してループをカットします ベルベットのような質感に

6. アップリケ　フェルトパンチャー

フェルトや糸をフェルトパンチャーでアップリケします。
刺繍とは違ったふんわりとした立体感が出ます。

055 ページ参照

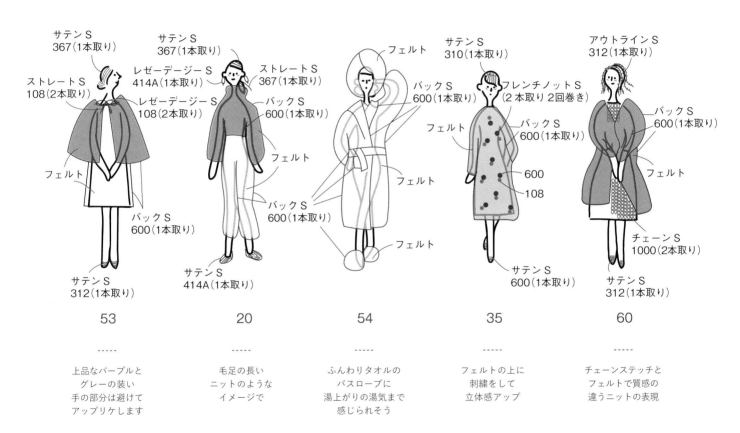

材料　100 ネエサンカットクロス、COSMO25番刺繍糸、にしきいと（ラメ糸）、好みのフェルト、布用ペン（ZIG fabricolor）

肌はZIG fabricolorナチュラルベージュ、頬はベビーピンクで塗る

サテンS
367（1本取り）

ストレートS
108（2本取り）

レザーデージーS
414A（1本取り）

レザーデージーS
108（2本取り）

フェルト

バックS
600（1本取り）

サテンS
312（1本取り）

53

上品なパープルと
グレーの装い
手の部分は避けて
アップリケします

サテンS
367（1本取り）

ストレートS
367（1本取り）

バックS
600（1本取り）

フェルト

バックS
600（1本取り）

サテンS
414A（1本取り）

20

毛足の長い
ニットのような
イメージで

フェルト

バックS
600（1本取り）

フェルト

フェルト

54

ふんわりタオルの
バスローブに
湯上がりの湯気まで
感じられそう

サテンS
310（1本取り）

フレンチノットS
（2本取り 2回巻き）

バックS
600（1本取り）

フェルト

バックS
600（1本取り）

600

108

サテンS
600（1本取り）

35

フェルトの上に
刺繍をして
立体感アップ

アウトラインS
312（1本取り）

バックS
600（1本取り）

フェルト

チェーンS
1000（2本取り）

サテンS
312（1本取り）

60

チェーンステッチと
フェルトで質感の
違うニットの表現

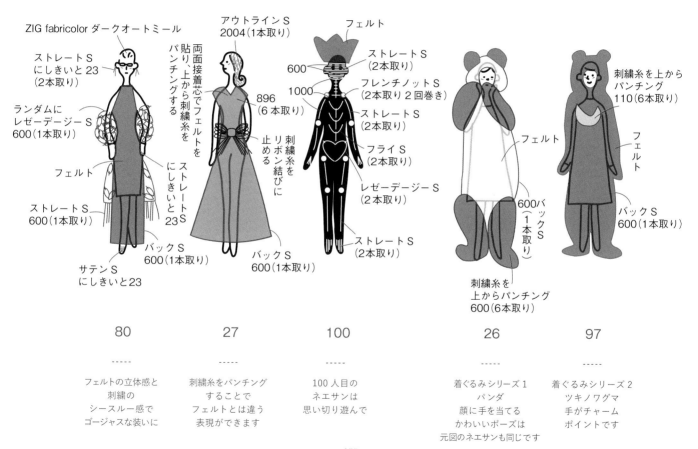

肌はZIG fabricolor ナチュラルベージュ、頬はベビーピンクで塗る

ZIG fabricolor ダークオートミール

ストレートS
にしきいと23
（2本取り）

ランダムに
レゼーデージー S
600（1本取り）

フェルト

ストレートS
600（1本取り）

サテン S
にしきいと23

両面接着芯でフェルトを
貼り、上から刺繍糸を
パンチングする

にしきいと23
ストレートS

バックS
600（1本取り）

アウトラインS
2004（1本取り）

896
（6本取り）

刺繍糸を
リボン結びに
止める

バックS
600（1本取り）

フェルト

600

1000

ストレートS
（2本取り）

フレンチノットS
（2本取り2回巻き）

ストレートS
（2本取り）

フライ S
（2本取り）

レゼーデージー S
（2本取り）

ストレートS
（2本取り）

フェルト

刺繍糸を
上からパンチング
600（6本取り）

600
バックS
（1本取り）

刺繍糸を上から
パンチング
110（6本取り）

フェルト

バックS
600（1本取り）

80	27	100	26	97
-----	-----	-----	-----	-----
フェルトの立体感と刺繍のシースルー感でゴージャスな装いに	刺繍糸をパンチングすることでフェルトとは違う表現ができます	100 人目のネエサンは思い切り遊んで	着ぐるみシリーズ1 パンダ 顔に手を当てるかわいいポーズは元図のネエサンも同じです	着ぐるみシリーズ2 ツキノワグマ 手がチャームポイントです

材料 100 ネエサンカットクロス、COSMO25 番刺繍糸、好みのリボン・布・テープ・レース、布用ペン（ZIG fabricolor）

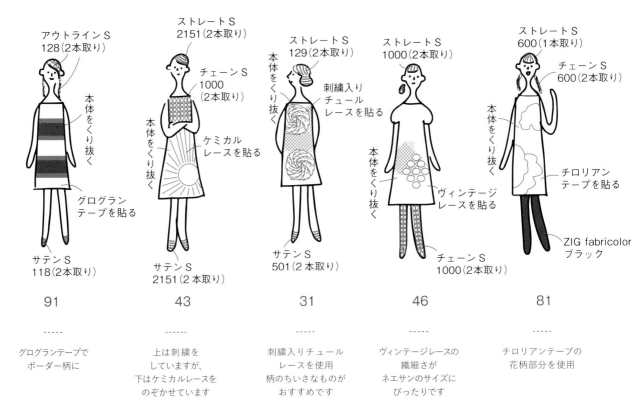

アウトラインS
128（2本取り）

本体をくり抜く

グログラン
テープを貼る

サテンS
118（2本取り）

ストレートS
2151（2本取り）

チェーンS
1000
（2本取り）

本体をくり抜く

ケミカル
レースを貼る

サテンS
2151（2本取り）

ストレートS
129（2本取り）

本体をくり抜く

刺繍入り
チュール
レースを貼る

サテンS
501（2本取り）

ストレートS
1000（2本取り）

本体をくり抜く

ヴィンテージ
レースを貼る

チェーンS
1000（2本取り）

ストレートS
600（1本取り）

チェーンS
600（2本取り）

本体をくり抜く

チロリアン
テープを貼る

ZIG fabricolor
ブラック

91

グログランテープで
ボーダー柄に

43

上は刺繍を
していますが、
下はケミカルレースを
のぞかせています

31

刺繍入りチュール
レースを使用
柄のちいさなものが
おすすめです

46

ヴィンテージレースの
繊細さが
ネエサンのサイズに
ぴったりです

81

チロリアンテープの
花柄部分を使用

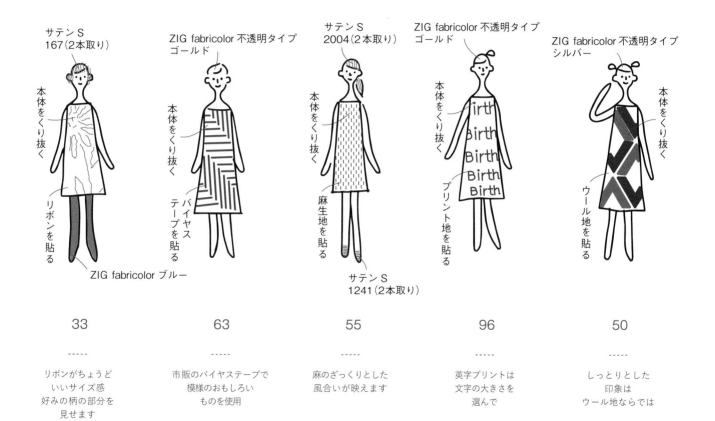

サテン S
167（2本取り）

本体をくり抜く

リボンを貼る

ZIG fabricolor ブルー

ZIG fabricolor 不透明タイプ
ゴールド

本体をくり抜く

バイヤステープを貼る

サテン S
2004（2本取り）

本体をくり抜く

麻生地を貼る

サテン S
1241（2本取り）

ZIG fabricolor 不透明タイプ
ゴールド

本体をくり抜く

irth
Birth
Birth
Birth
Birth

プリント地を貼る

ZIG fabricolor 不透明タイプ
シルバー

本体をくり抜く

ウール地を貼る

33

リボンがちょうど
いいサイズ感
好みの柄の部分を
見せます

63

市販のバイヤステープで
模様のおもしろい
ものを使用

55

麻のざっくりとした
風合いが映えます

96

英字プリントは
文字の大きさを
選んで

50

しっとりとした
印象は
ウール地ならでは

056 ページ参照

材料 100ネエサンカットクロス、COSMO25番刺繍糸、にしきいと（ラメ糸）、NUNO DECO TAPE、布用ペン（ZIG fabricolor）

肌はZIG fabricolorナチュラルベージュ、
頬はライトカーマインかベビーピンクを塗る

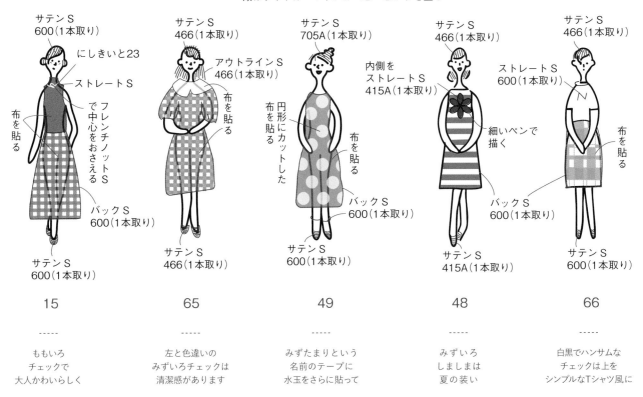

図1（左）
サテンS 600（1本取り）
にしきいと23
ストレートS
布を貼る
フレンチノットSで中心をおさえる
バックS 600（1本取り）
サテンS 600（1本取り）
15

ももいろチェックで大人かわいらしく

図2
サテンS 466（1本取り）
アウトラインS 466（1本取り）
布を貼る
サテンS 466（1本取り）
65

左と色違いのみずいろチェックは清潔感があります

図3
サテンS 705A（1本取り）
内側をストレートS 415A（1本取り）
円形にカットした布を貼る
布を貼る
バックS 600（1本取り）
サテンS 600（1本取り）
49

みずたまりという名前のテープに水玉をさらに貼って

図4
サテンS 466（1本取り）
細いペンで描く
バックS 600（1本取り）
サテンS 415A（1本取り）
48

みずいろしましまは夏の装い

図5（右）
サテンS 466（1本取り）
ストレートS 600（1本取り）
布を貼る
サテンS 600（1本取り）
66

白黒でハンサムなチェックは上をシンプルなTシャツ風に

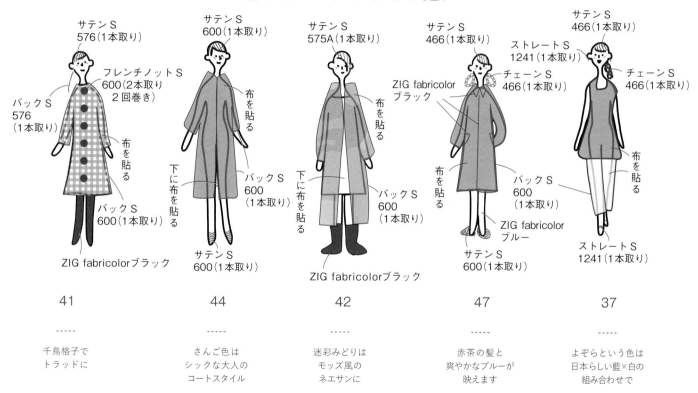

肌はZIG fabricolorナチュラルベージュ、
頬はライトカーマインかベビーピンクを塗る

サテンS
576（1本取り）

フレンチノットS
600（2本取り
2回巻き）

バックS
576
（1本取り）

布を貼る

バックS
600（1本取り）

ZIG fabricolorブラック

サテンS
600（1本取り）

布を貼る

下に布を貼る

バックS
600
（1本取り）

サテンS
600（1本取り）

サテンS
575A（1本取り）

布を貼る

下に布を貼る

バックS
600
（1本取り）

ZIG fabricolorブラック

サテンS
466（1本取り）

ZIG fabricolor
ブラック

チェーンS
466（1本取り）

布を貼る

バックS
600
（1本取り）

ZIG fabricolor
ブルー

サテンS
600（1本取り）

サテンS
466（1本取り）

ストレートS
1241（1本取り）

チェーンS
466（1本取り）

布を貼る

ストレートS
1241（1本取り）

41

千鳥格子で
トラッドに

44

さんご色は
シックな大人の
コートスタイル

42

迷彩みどりは
モッズ風の
ネエサンに

47

赤茶の髪と
爽やかなブルーが
映えます

37

よぞらという色は
日本らしい藍×白の
組み合わせで

9. デコる　ビーズ、スパンコール、ラメ糸

ちょっとゴージャスなネエサンたち。
ビーズやラメ糸できらきら感を出します。

材料 100 ネエサンカットクロス、COSMO25 番刺繍糸、にしきいと（ラメ糸）、好みのビーズ・スパンコール・スワロフスキー

頬はすべてストレートS 832（1本取り）

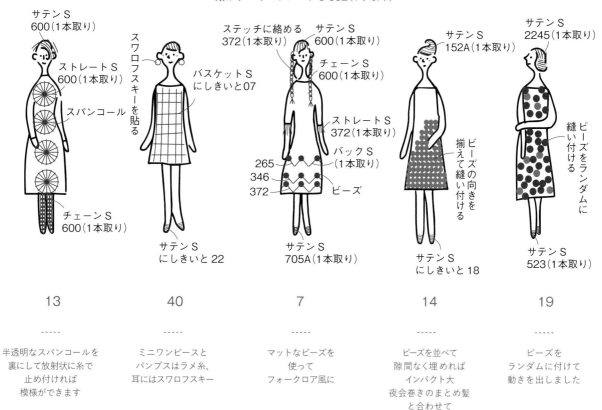

サテンS
600（1本取り）

ストレートS
600（1本取り）

スパンコール

チェーンS
600（1本取り）

スワロフスキーを貼る

バスケットS
にしきいと07

サテンS
にしきいと22

ステッチに絡める
372（1本取り）

サテンS
600（1本取り）

チェーンS
600（1本取り）

ストレートS
372（1本取り）

バックS
（1本取り）

265
346
372

ビーズ

サテンS
705A（1本取り）

サテンS
152A（1本取り）

ビーズの向きを揃えて縫い付ける

サテンS
にしきいと18

サテンS
2245（1本取り）

ビーズをランダムに縫い付ける

サテンS
523（1本取り）

13	40	7	14	19
-----	-----	-----	-----	-----
半透明なスパンコールを裏にして放射状に糸で止め付ければ模様ができます	ミニワンピースとパンプスはラメ糸、耳にはスワロフスキー	マットなビーズを使ってフォークロア風に	ビーズを並べて隙間なく埋めればインパクト大 夜会巻きのまとめ髪と合わせて	ビーズをランダムに付けて動きを出しました

材料 100 ネエサンカットクロス、COSMO25番刺繍糸、にしきいと（ラメ糸）、好みのビーズ・スパンコール・ボタン

頬はすべてストレートS 832（1本取り）

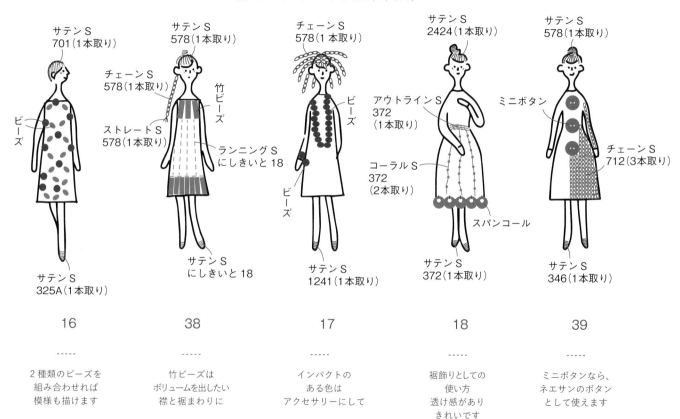

サテンS
701（1本取り）

ビーズ

サテンS
325A（1本取り）

サテンS
578（1本取り）

チェーンS
578（1本取り）

ストレートS
578（1本取り）

竹ビーズ

ランニングS
にしきいと18

サテンS
にしきいと18

チェーンS
578（1本取り）

ビーズ

ビーズ

サテンS
1241（1本取り）

サテンS
2424（1本取り）

アウトラインS
372
（1本取り）

コーラルS
372
（2本取り）

スパンコール

サテンS
372（1本取り）

サテンS
578（1本取り）

ミニボタン

チェーンS
712（3本取り）

サテンS
346（1本取り）

16

38

17

18

39

2種類のビーズを
組み合わせれば
模様も描けます

竹ビーズは
ボリュームを出したい
襟と裾まわりに

インパクトの
ある色は
アクセサリーにして

裾飾りとしての
使い方
透け感があり
きれいです

ミニボタンなら、
ネエサンのボタン
として使えます

048

材料　100 ネエサンカットクロス、布用ペン（ZIG fabricolor、NUNO DECO PEN）

指定以外は ZIG fabricolor

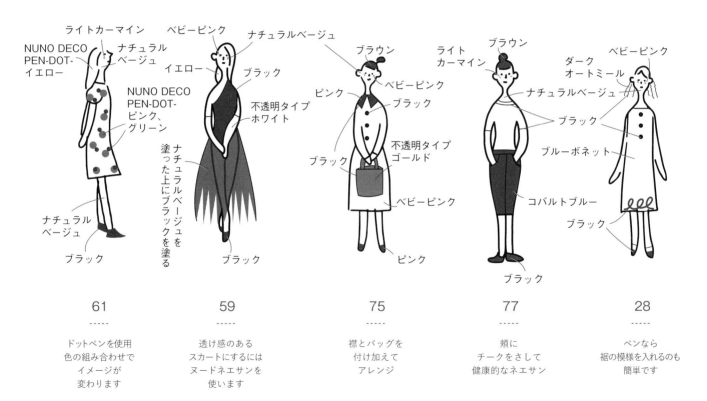

ライトカーマイン

NUNO DECO PEN-DOT-イエロー

ナチュラルベージュ

ベビーピンク

ナチュラルベージュ

イエロー

ブラック

NUNO DECO PEN-DOT-ピンク、グリーン

不透明タイプホワイト

ナチュラルベージュを塗った上にブラックを塗る

ナチュラルベージュ

ブラック

ブラック

ブラウン

ベビーピンク

ピンク

ブラック

ブラック

不透明タイプゴールド

ベビーピンク

ピンク

ライトカーマイン

ブラウン

ナチュラルベージュ

ブラック

コバルトブルー

ブラック

ベビーピンク

ダークオートミール

ナチュラルベージュ

ブラック

ブルーボネット

ブラック

61	59	75	77	28
-----	-----	-----	-----	-----
ドットペンを使用色の組み合わせでイメージが変わります	透け感のあるスカートにするにはヌードネエサンを使います	襟とバッグを付け加えてアレンジ	頬にチークをさして健康的なネエサン	ペンなら裾の模様を入れるのも簡単です

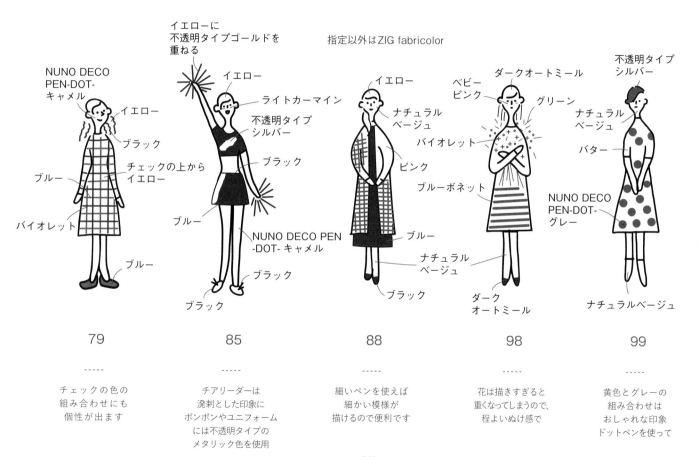

イエローに
不透明タイプゴールドを
重ねる

指定以外はZIG fabricolor

NUNO DECO
PEN-DOT-
キャメル

イエロー

ブラック

ブルー

チェックの上から
イエロー

バイオレット

ブルー

イエロー

ライトカーマイン

不透明タイプ
シルバー

ブラック

ブルー

NUNO DECO PEN
-DOT- キャメル

ブラック

ブラック

イエロー

ナチュラル
ベージュ

ピンク

ブルー

ナチュラル
ベージュ

ブラック

ベビー
ピンク

ダークオートミール

グリーン

バイオレット

ブルーボネット

ダーク
オートミール

不透明タイプ
シルバー

ナチュラル
ベージュ

バター

NUNO DECO
PEN-DOT-
グレー

ナチュラルベージュ

79

85

88

98

99

チェックの色の
組み合わせにも
個性が出ます

チアリーダーは
溌剌とした印象に
ポンポンやユニフォーム
には不透明タイプの
メタリック色を使用

細いペンを使えば
細かい模様が
描けるので便利です

花は描きすぎると
重くなってしまうので、
程よいぬけ感で

黄色とグレーの
組み合わせは
おしゃれな印象
ドットペンを使って

道具と材料

この本で使う主な道具と材料をご紹介します。どの技法を使うかによって変わってきますが、刺繍セットや布用ペンは共通して使うことが多いので用意しておくと便利です。

A. B.

C.

A. 刺繍セット

刺繍針、糸切りばさみ、ちいさめの刺繍枠、25番刺繍糸が基本セットです。ネエサンはちいさいので、刺繍枠は 8〜10cm のサイズを使っています。はさみは先の尖った切れ味のよいものを。

B. いろいろな材料

左上からにしきいと（ラメ糸）、布やリボン、ビーズやスパンコール、下が NUNO DECO TAPE。このほかにフェルトやレースなども使います。どんな材料を使ってもかまいません。作りたいものに合わせていろいろ試してみてください。

C. 布用ペン

NUNO DECO PEN の -DOT- と ZIG fabricolor のツインと不透明タイプを使っています。にじみにくく色数も揃っています。ほかのペンを使う場合は、にじまないかを布端などで確かめてから使うことをおすすめします。

D. フェルトパンチャー

30 ページのようにフェルトや刺繍糸をアップリケするときに使います。下に敷くブラシマットとフェルト用ニードル（フェルトパンチャーレギュラー針）の1本針を使います。針はグリップがセットされていますが、ネエサンがちいさいので手元が見やすいように外して針のみを使っています。

D. E.

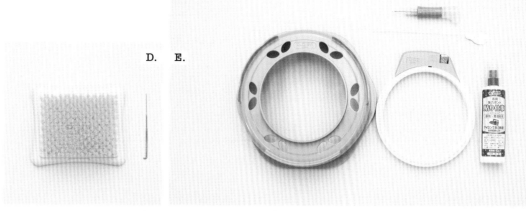

E. フリーステッチング

26 ページのようなモコモコとした刺繍が刺せます。左からフリーステッチングスタンド、フリーステッチングニードル、フリーステッチングスレダー（糸通し）、フリーステッチングフープ、布用強力ボンドです。ボンドはフリーステッチングの裏の始末以外にも布を貼り合わせたりする場合にも使います。

F.

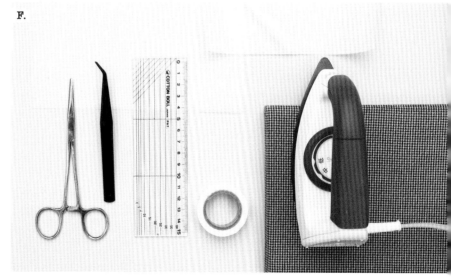

F. いろいろな道具

上の白い2枚は接着芯と両面接着シートです。下は左から鉗子、ピンセット、定規、マスキングテープ、アイロンとアイロン台。鉗子は綿を詰めたり細かい作業をするときに、マスキングテープは図案を追加したり写したりするときに使います。ほかに手芸用複写紙なども使っていますが、必ずこれを使わないといけないということはありません。自分のやりやすい方法、使いやすい道具を使ってください。

Lesson.1 フリーステッチングのしかた

プチプチと刺すだけで、
立体的なループ状のステッチができます。

◆ループの場合

01 基本の道具のスタンド、フープ、ニードル、スレダーと、図案を写すための手芸用複写紙とセロハン（OPP）を用意します。ニードルは針先を長く出すと長いループになるので、好みの長さに調整します。

02 布の裏を見て刺すので、洋服の形を布の裏に写します。刺したいネエサンの下に手芸用複写紙を敷き、上からセロハンを重ねてボールペンやトレーサーで洋服の線をなぞります。

03 布の裏に洋服の線が写りました。フープの内枠の上に布を重ね、外枠をはめ込んでネジで締めます。布はゆるまないようにパンパンにはります。フープをスタンドの上にセットします。

04 ニードルに25番刺繍糸を3本取りで通します。針先の穴からスレダーを入れて糸を通し、引き抜いて針先から糸を出します。さらに針先の横穴にスレダーを通し、引き抜いた糸を通して引き抜きます。

05 刺繍をします。布に垂直に針を根元まで入れ、そのまま真っ直ぐ引き上げます。布から針を離さないようにし、すべらせるようにして2針めを同様に刺します。これを繰り返します。ステッチの間隔は2mmくらいです。

06 洋服の線上と内側も刺せたら糸をぎりぎりの所でカットします。刺し始めの糸も同様にカットします。

07 ほつれ止めのために、刺し始めと刺し終わりにボンドを付けます。全体に付けなくてかまいません。

08 表を見るとループ状のステッチの完成です。ループの長さや刺す間隔は好みで調整してください。

◆カットする場合

01 同様にしてループ状に刺します。ループをカットするので、ループはやや長めで少し密集して刺す方がカットしたときに隙間が見えずにきれいです。

02 ハサミでループ部分をカットします。表面を切り揃えるように全体をカットします。

03 カットできれば完成です。ベルベットのような質感になります。カットをすると色が濃く見えるので、わざとループを残して違いを出すのもおもしろいアイデアです。

Lesson.2 線やアイテムを足す

元のネエサンの図をいかして、
線やアイテムを付け加える方法です。

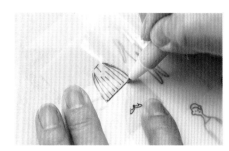

01 ネエサンの上にトレーシングペーパーを重ね、プラスしたいアイテムを描きます。ここではスカートをバルーンタイプに、靴を追加します。元の線をいかして均等に縦線を入れ、スカートをふくらませます。

02 ネエサンの布、手芸用複写紙の色を下に、トレーシングペーパー、セロハンの順に重ねてプラスしたアイテムをペンでなぞって布に写します。

03 もっと簡単に付け加える場合は、ペンで直接布に描いてもかまいません。アイロンで消えるペンなどを使うと、描き直したい場合にも便利です。

04 布に写したら、布用ペンで線の上をなぞります。刺繍で線を刺してもかまいません。これで図案が描けました。

05 布用ペンの場合は、アイロンをあててインクを定着させます。

06 後は刺繍をしたり色を塗ったり好みのアレンジをします。色を塗る場合は、塗る度にアイロンでおさえて色を定着させるとよいでしょう。

Lesson.3　フェルトや糸のアップリケのしかた

布の上にフェルトや刺繍糸を重ね、
専用針で刺してアップリケする方法です。

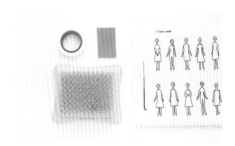

01 マスキングテープ、ブラシマット、1本針を用意します。まずはフェルトをアップリケします。

02 マスキングテープをネエサンの上に貼り、洋服の線をなぞります。

03 マスキングテープをフェルトに貼り、線の通りにカットします。マスキングテープをはがします。

04 ブラシマットの上に布を乗せ、カットしたフェルトを洋服部分に合わせてニードルで刺します。垂直にニードルを動かして刺し、フェルトを布に絡めます。

05 刺繍糸の場合は、25番刺繍糸6本取りを洋服の形に合わせて順番に刺していきます。刺し方はフェルトと同じです。

06 しっかりと刺せたら完成です。同じ道具を使ってもフェルトと刺繍糸では洋服の表情が変わるのがおもしろいところです。

Lesson.4 布を貼る

布を上から貼るか
下から貼るかによっても見え方が変わります。

◆ NUNO DECO TAPE を使う

01 マスキングテープをネエサンの上に貼り、洋服の線をなぞります。

02 NUNO DECO TAPE の表にマスキングテープを貼り、線の通りにカットします。マスキングテープをはがします。

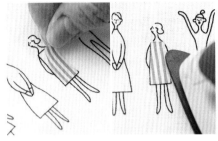

03 カットした NUNO DECO TAPE の裏の剥離紙をはがし、ネエサンの服に合わせて重ねます。アイロンでおさえて接着します。

◆ くり抜いて布を貼る

01 作りたいネエサンの裏に、全身より少し大きめにカットした接着芯を貼ります。表からネエサンの洋服の線の内側をくり抜きます。

02 裏からくり抜いた洋服の縁にボンドを薄く塗り、洋服よりも大きくカットした布を合わせて貼ります。このとき布の表側が見えるように貼ってください。

03 くり抜いた洋服部分から布が見えます。ちいさくカットするのが難しい布などは下から貼る方が簡単です。

ステッチ一覧

ネエサンに使った、洋服を埋めて刺してもかわいい刺繍です。
アレンジの参考にしてください。

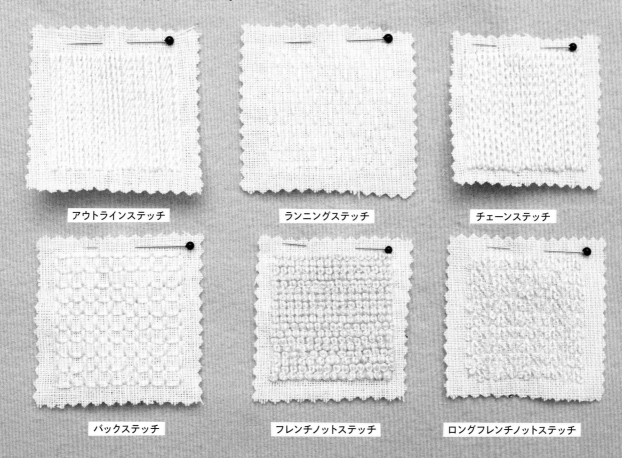

アウトラインステッチ

ランニングステッチ

チェーンステッチ

バックステッチ

フレンチノットステッチ

ロングフレンチノットステッチ

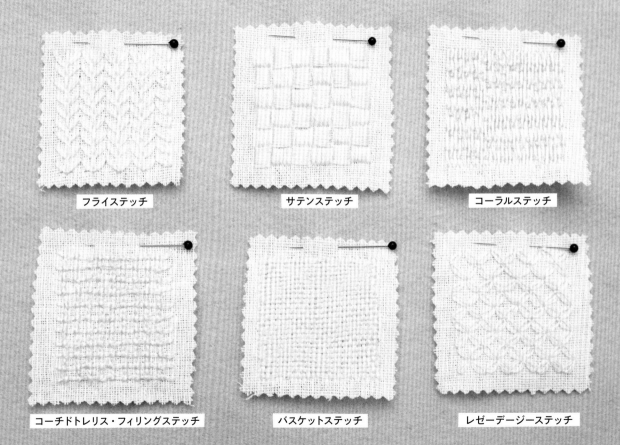

フライステッチ

サテンステッチ

コーラルステッチ

コーチドトレリス・フィリングステッチ

バスケットステッチ

レゼーデージーステッチ

スミルナステッチ

シードステッチ

ファーンステッチ

ブリオンステッチ

ストレートステッチ

クロスステッチ

刺繍の刺し方

基本的な刺繍の刺し方を図解します。ブリックステッチはチャームの縁飾りとして使っています。

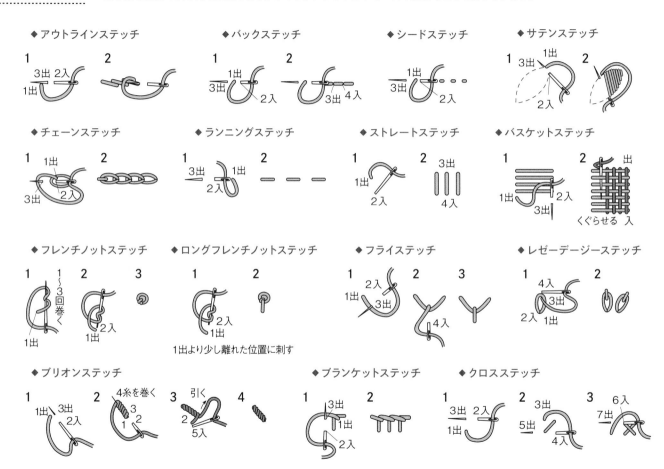

◆ アウトラインステッチ

1　3出　2入　1出
2

◆ バックステッチ

1　1出　3出
2　3出　4入　2入

◆ シードステッチ

1　1出　3出　2入

◆ サテンステッチ

1　3出　1出　2入
2

◆ チェーンステッチ

1　1出　3出　2入
2

◆ ランニングステッチ

1　3出　1出　2入
2

◆ ストレートステッチ

1　1出　2入
2　3出　4入

◆ バスケットステッチ

1　1出　2入　3出
2　出　くぐらせる　入

◆ フレンチノットステッチ

1　1〜3回巻く　1出
2　2入
3

◆ ロングフレンチノットステッチ

1　2入　1出
2

1出より少し離れた位置に刺す

◆ フライステッチ

1　2入　1出　3出
2　4入
3

◆ レゼーデージーステッチ

1　4入　3出　2入　1出
2

◆ ブリオンステッチ

1　1出　3出　2入
2　4糸を巻く　3　2　1
3　引く　2　5入
4

◆ ブランケットステッチ

1　3出　1出　2入
2

◆ クロスステッチ

1　3出　2入　1出
2　3出　5入　4入
3　6出　7出

◆ ファーンステッチ

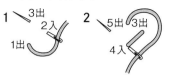

1　3出　2入　1出

2　5出　3出　4入

3　5出　6入　7出

4　9入　8入　7出

◆ コーチドトレリス・フィリングステッチ

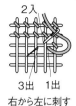

1　縦横に平行に刺す

2　2入　3出　1出　右から左に刺す

3　2入　1出　3出　左から右にクロスに刺す

◆ コーラルステッチ

入　出

◆ ブリックステッチ

1　ビーズ　裏布　表布　玉結び

表布と裏布の間から針を
入れてひと針返し縫いを
してビーズに通す
表布に針を出す

2　2つ目のビーズに通す
布には針を通さない

3　ビーズを倒して
穴を上に向ける

4　ビーズを1つ通し、裏布から針を
入れて表布に出し、同じビーズに
針を通すことを繰り返す
最後は最初のビーズに同様に通す

◆ スミルナステッチの刺し方

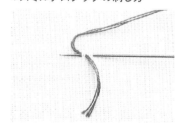

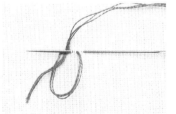

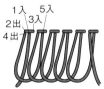

1入　5入　2出　3入　4出

01　表から針を入れ（1入）、端を2〜
　　3cm残しておきます。左横に針を
出し（2出）、1入を中心として2出と同じ
距離だけ右に針を入れます（3入）。2出
と同じ位置に針を出します（4出）。

02　1入から4出を繰り返します。1
　　入2出と同じ距離だけ右に針を進
め、4出と同じ位置に針を出します。糸は
引き切らずにループにします。

◆ 25番刺繍糸
1本・2本・3本取りの違い

写真はチェーンステッチとフレンチノットステッチを上から順に1本・2本・3本取りで刺しています。ネエサンのサイズに合わせて1本取りで刺すことが多いですが、刺しやすさでは2本取りがおすすめです。洋服のイメージに合わせて、1〜3本取りを使い分けてください。

12か月のネエサン

12か月のイベントに合わせたネエサンです。
ネエサンで季節を楽しんでください。

February

January

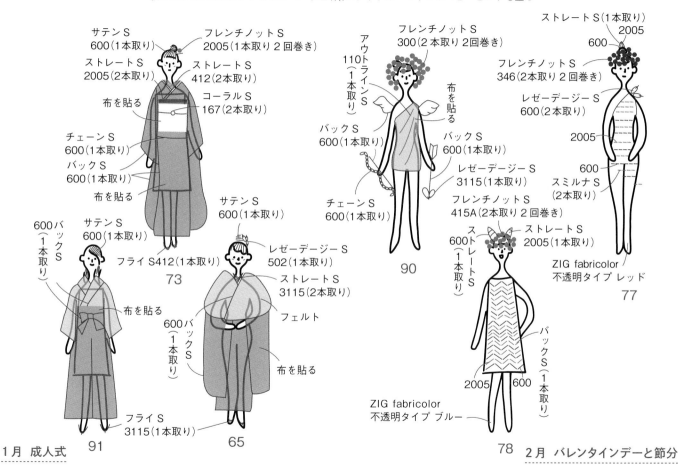

サテンS
600（1本取り）

フレンチノットS
2005（1本取り2回巻き）

ストレートS
2005（2本取り）

ストレートS
412（2本取り）

布を貼る

コーラルS
167（2本取り）

チェーンS
600（1本取り）

バックS
600（1本取り）

布を貼る

サテンS
600（1本取り）

フライ S412（1本取り）

73

600 バックS（1本取り）

サテンS
600（1本取り）

布を貼る

フライ S
3115（1本取り）

1月 成人式

91

レゼーデージーS
502（1本取り）

ストレートS
3115（2本取り）

フェルト

600 バックS（1本取り）

布を貼る

65

フレンチノットS
300（2本取り2回巻き）

アウトラインS
110（1本取り）

バックS
600（1本取り）

布を貼る

バックS
600（1本取り）

チェーンS
600（1本取り）

レゼーデージーS
3115（1本取り）

フレンチノットS
415A（2本取り2回巻き）

90

ストレートS（1本取り）
2005

600

フレンチノットS
346（2本取り2回巻き）

レゼーデージーS
600（2本取り）

2005

600

スミルナS
（2本取り）

ZIG fabricolor
不透明タイプ レッド

77

600 ストレートS（1本取り）

ストレートS
2005（2本取り）

2005　600

バックS（1本取り）

ZIG fabricolor
不透明タイプ ブルー

78　**2月 バレンタインデーと節分**

March

April

材料　100 ネエサンカットクロス、COSMO25番刺繍糸、にしきいと（ラメ糸）、布用ペン（ZIG fabricolor、NUNO DECO PEN）、好みのフェルト、リックラックテープ、
布（NUNO DECO TAPE）

肌はZIG fabricolorナチュラルベージュ、頬はライトカーマインかベビーピンクを塗る

サテンS
187（1本取り）

ストレートS
にしきいと22

ストレートS
2500（1本取り）

ストレートS
1241
（1本取り）

ストレートS
600（1本取り）

アウトラインS
2500
（1本取り）

サテンS
312（1本取り）

布を貼る

バックS
600（1本取り）

━110
━187

ストレートS
（2本取り）　15

サテンS
600（1本取り）

ストレートS
1241（1本取り）

布
を
貼
る

バックS
600（1本取り）

ストレートS
にしきいと33

バックS
600（1本取り）

━110
━600

サテンS
（1本取り）　20

312バ
ッ
ク
S
（
1
本
取
り
）

アウトラインS
168（1本取り）

ストレートS
100（1本取り）

ストレートS
1241（1本取り）

チェーンS
110
（1本取り）

168ア
ウ
ト
ラ
イ
ン
S
（
1
本
取
り
）

チェーンS
100（1本取り）

ストレートS
600（2本取り）　21

ストレートS
104（2本取り）

リボンにする
にしきいと22

523

バックS
600（1本取り）

フリーステッチング
705A

━174

━2115

サテンS
（1本取り）

フレンチノットS
2008（1本取り）

75

ZIG fabricolor
ペールバイオレット

バックS
600（1本取り）

ストレートS
705A（1本取り）

バックS
2664
（1本取り）

ストレートS 147（1本取り）

ZIG fabricolor ペールバイオレット

ストレートS
2004（1本取り）

サテンS
735（1本取り）

735
（
1
本
取
り
）

ス
ト
レ
ー
ト
S

110
600

ZIG fabricolor
不透明タイプ
ゴールド

11

サテンS
466（1本取り）

布を貼る

バックS
600（1本取り）

アウトラインS
466（2本取り）

バックS
600（1本取り）

アウトラインS
2172（1本取り）

ZIG fabricolor
ベビーピンク

NUNODECO PEN
-DOT- ピンク

リックラック
テープ

アウトラインS
600（2本取り）

布を貼る

フレンチノットS
2172（1本取り 2回巻き）

76

May

June

材料　100 ネエサンカットクロス、COSMO25 番刺繍糸、布用ペン（ZIG fabricolor、NUNO DECO PEN）、好みのフェルトやビーズ、布（NUNO DECO TAPE）

指定以外は肌は ZIG fabricolor ナチュラルベージュ、頬はベビーピンクを塗る

サテン S 705A（2本取り）

ストレート S 346（1本取り）

サテン S 466（2本取り）

ストレート S 301（2本取り）

レゼーデージー S 287A（2本取り）の内側に
ストレート S
バック S 328（2本取り）

ZIG fabricolor イエロー

48

フライ S 535（1本取り）

バック S 535（1本取り）

ZIG fabricolor ブルーボネット

フレンチノット S 563（1本取り 2回巻き）

サテン S 563（2本取り）

サテン S（2本取り）
705A　320

84

アウトライン S 320（2本取り）

バック S 600（1本取り）

チェーン S 412（2本取り）

アウトライン S 2214（2本取り）

アウトライン S 600（2本取り）

バック S 466（2本取り）

サテン S 287A（2本取り）

52

5月　母の日

サテン S 310（2本取り）

フレンチノット S 110（1本取り 2回巻き）

ストレート S 600（1本取り）

フェルト

房 110

布を貼る

バック S 600（1本取り）

33

フライ S 600（1本取り）

フレンチノット S 600（2本取り 2回巻き）

サテン S 187（1本取り）

布を貼る

600 バック S（1本取り）

上から ZIG fabricolor 不透明タイプ ホワイトでニュアンスを付けて塗る

布を貼る

サテン S 600（1本取り）

16

フレンチノット S 110（2本取り 2回巻き）

ストレート S 187（2本取り）

布を貼る

37

サテン S 110（1本取り）

布を貼る

ストレート S 110（2本取り）

ビーズ

房 110 パーツごとに布をカットして貼り、上から ZIG fabricolor 不透明タイプ ホワイトでニュアンスを付けて塗る

40

ストレート S 600（1本取り）

男性の肌は NUNO DECO PEN -DOT- キャメルを塗る

6月　結婚式

July

August

材料 100 ネエサンカットクロス、COSMO25 番刺繍糸、にしきいと（ラメ糸）、布用ペン（ZIG fabricolor、NUNO DECO PEN）、スワロフスキー、
布（NUNO DECO TAPE）

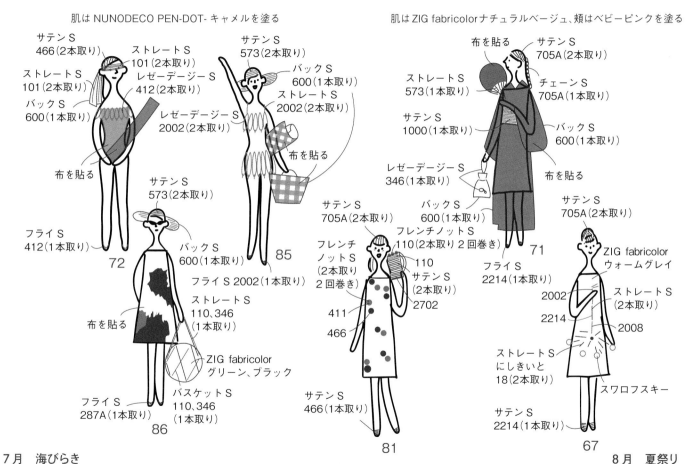

肌は NUNODECO PEN-DOT- キャメルを塗る

サテンS
466（2本取り）

ストレートS
101（2本取り）

ストレートS
101（2本取り）
レゼーデージーS
412（2本取り）

バックS
600（1本取り）

レゼーデージーS
2002（2本取り）

布を貼る

72

サテンS
573（2本取り）

バックS
600（1本取り）

フライS
412（1本取り）

フライS 2002（1本取り）

布を貼る

ストレートS
110、346
（1本取り）

ZIG fabricolor
グリーン、ブラック

フライS
287A（1本取り）
86

バスケットS
110、346
（1本取り）

サテンS
573（2本取り）

バックS
600（1本取り）
ストレートS
2002（2本取り）

レゼーデージーS
2002（2本取り）

布を貼る

85

サテンS
705A（2本取り）

フレンチノットS
110（2本取り2回巻き）

フレンチ
ノットS
（2本取り
2回巻き）

411

466

110

サテンS
（2本取り）
2702

サテンS
466（1本取り）

81

肌は ZIG fabricolorナチュラルベージュ、頬はベビーピンクを塗る

布を貼る

サテンS
705A（2本取り）

ストレートS
573（1本取り）

チェーンS
705A（1本取り）

サテンS
1000（1本取り）

バックS
600（1本取り）

レゼーデージーS
346（1本取り）

布を貼る

バックS
600（1本取り）

フライS
2214（1本取り）

71

サテンS
705A（2本取り）

ZIG fabricolor
ウォームグレイ

ストレートS
（2本取り）

2002

2214

2008

ストレートS
にしきいと
18（2本取り）

スワロフスキー

サテンS
2214（1本取り）
67

7月　海びらき

8月　夏祭り

069

材料 100 ネエサンカットクロス、COSMO25 番刺繍糸、にしきいと（ラメ糸）、布用ペン（ZIG fabricolor）、好みのビーズ、布（NUNO DECO TAPE）

アウトライン S
600（2本取り）

サテン S
855（2本取り）

600 チェーン S（2本取り）

アウトライン S（2本取り）

バック S
600（1本取り）

アウトライン S
855（2本取り）

705A

アウトライン S（1本取り）

アウトライン S
600（2本取り）

34

チェーン S
600（2本取り）

アウトライン S
118（2本取り）

アウトライン S
147（2本取り）

ZIG fabricolor
オレンジ

バック S
600（1本取り）

ストレート S
600（1本取り）

18

指定以外は肌は ZIG fabricolor
ナチュラルベージュ、
頬はベビーピンクを塗る

白はすべて 2500

サテン S
（1本取り）

フレンチノット S
（2本取り 2回巻き）

フライ S
（2本取り）

レゼーデージー S
（2本取り）

バック S
600（1本取り）

サテン S
705A（2本取り）

ストレート S
にしきいと18（1本取り）

ストレート S
600（2本取り）

346 リボン結び

ストレート S
（2本取り）

布を貼る

ストレート S
（1本取り）

100

フライ S
にしきいと18

ビーズ

バック S
600（1本取り）

ストレート S
2185（2本取り）

705A アウトライン S（2本取り）

ストレート S
110（1本取り）

フリーステッチング
1000（3本取り）

63

アウトライン S
466（2本取り）

ランニング S
735（3本取り）

118

チェーン S
735（2本取り）

アウトライン S
（1本取り）

サテン S
466（1本取り）

307

61

サテン S
（2本取り）

フレンチノット S
110（3本取り
2回巻き）

ZIG fabricolor
ブラック

バック S
600（1本取り）

ZIG fabricolor
イエロー

ファーン S 174（2本取り）

705A

チェーン S（2本取り）

布を貼る

174 サテン S（2本取り）

ストレート S
600（1本取り）

64

10月 ハロウィン

9月 お月見

サテンS
285（2本取り）

フレンチノットS
1000（2本取り
2回巻き）

アウトラインS
636（2本取り）

アウトラインS
631（1本取り）

布を貼る

バックS
600（1本取り）

ストレートS
636（1本取り）

10

肌は NUNODECO PEN-DOT-
キャメルで塗る

バックS
600（1本取り）

ストレートS
2214（1本取り）

チェーンS
285（2本取り）

アウトラインS
285（2本取り）

ストレートS
857（1本取り）

サテンS
705A（2本取り）

ストレートS
285（1本取り）

ストレートS
285（1本取り）

布を貼る

アウトラインS
2214（2本取り）

バックS
705A、563（2本取り）

チェーンS
485A（2本取り）

ストレートS
600（1本取り）

フレンチノットS
1000（2本取り
2回巻き）

4

ストレートS
2500（2本取り）

アウトラインS
600（2本取り）

ストレートS
にしきいと33

バックS
600（1本取り）

布を貼る

布を貼る

フライS
600
（1本取り）

サテンS
600（1本取り）

28

レゼーデージーS
857（1本取り）

バックS
600（1本取り）

布を貼る

指定以外は肌は
ZIG fabricolor
ナチュラルベージュ、
頬はベビーピンクを塗る

アウトラインS
600（2本取り）

ストレートS
285（1本取り）

50

フレンチノットS
110（2本取り
2回巻き）

ストレートS
600（1本取り）

バックS
600（1本取り）

ストレートS
600（1本取り）

32

ストレートS
にしきいと18

布を貼る

サテンS
307（2本取り）

アウトラインS
600（1本取り）

ストレートS
2500（2本取り）

布を貼る

バックS
600（1本取り）

布を貼る

サテンS
600（1本取り）

88

11月　紅葉狩り・行楽

12月　クリスマス

スポーツネエサン

ユニフォームは特徴のあるものが多いですが、
ポーズと組み合わせればさらに躍動的に見えます。

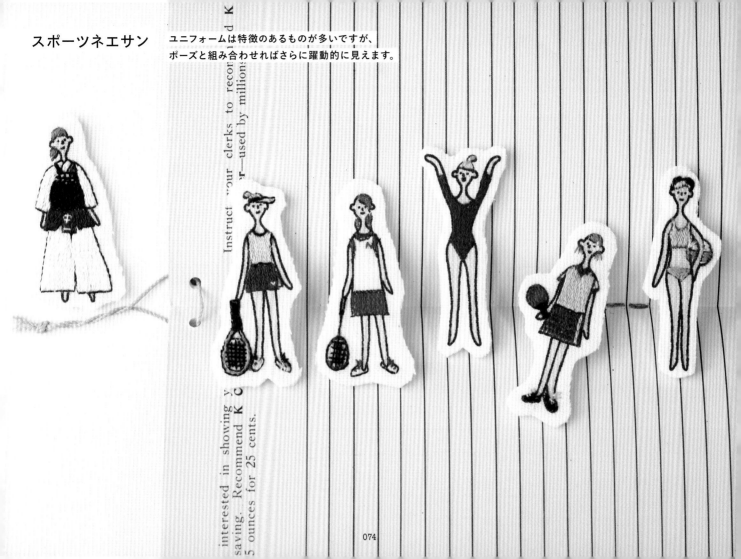

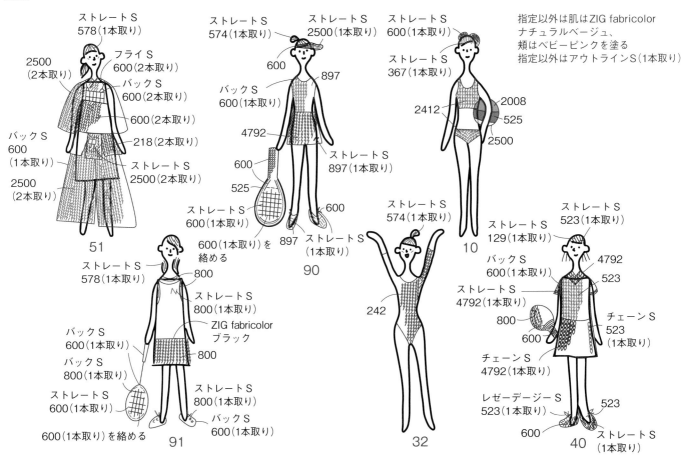

指定以外は肌はZIG fabricolor
ナチュラルベージュ、
頬はベビーピンクを塗る
指定以外はアウトラインS（1本取り）

ストレートS
578（1本取り）

2500
（2本取り）

フライS
600（2本取り）

バックS
600（2本取り）

600（2本取り）

218（2本取り）

バックS
600
（1本取り）

ストレートS
2500（2本取り）

2500
（2本取り）

51

ストレートS
574（1本取り）

ストレートS
2500（1本取り）

600

バックS
600（1本取り）

897

4792

600

525

ストレートS
600（1本取り）

600（1本取り）を
絡める

ストレートS
897（1本取り）

600

897

ストレートS
（1本取り）

90

ストレートS
600（1本取り）

ストレートS
367（1本取り）

2412

2008
525
2500

10

ストレートS
574（1本取り）

242

32

ストレートS
578（1本取り）

800

ストレートS
800（1本取り）

ZIG fabricolor
ブラック

800

バックS
600（1本取り）

バックS
800（1本取り）

ストレートS
600（1本取り）

ストレートS
800（1本取り）

バックS
600（1本取り）

600（1本取り）を絡める

91

ストレートS
129（1本取り）

ストレートS
523（1本取り）

バックS
600（1本取り）

4792

523

ストレートS
4792（1本取り）

800

600

チェーンS
4792（1本取り）

レザーデージーS
523（1本取り）

600

チェーンS
523
（1本取り）

523

ストレートS
（1本取り）

40

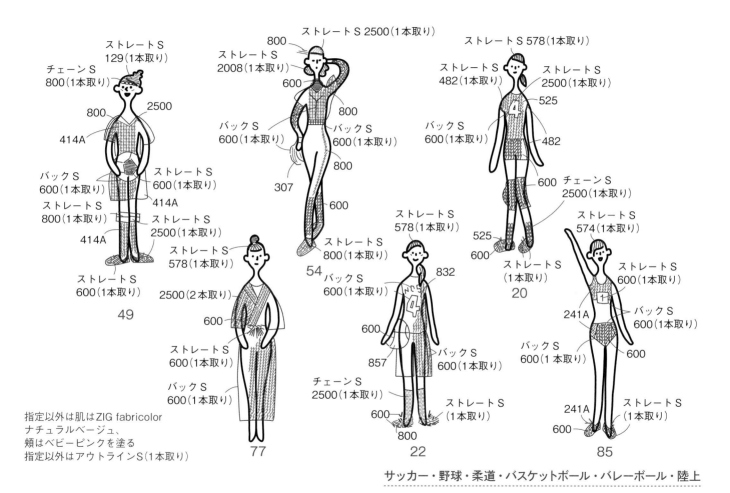

チェーンS
800（1本取り）

ストレートS
129（1本取り）

800

2500

414A

バックS
600（1本取り）

ストレートS
600（1本取り）

ストレートS
800（1本取り）

414A

ストレートS
2500（1本取り）

414A

ストレートS
600（1本取り）

49

ストレートS
2008（1本取り）

ストレートS 2500（1本取り）

600

800

バックS
600（1本取り）

バックS
600（1本取り）

800

307

600

ストレートS
800（1本取り）

54

ストレートS
578（1本取り）

2500（2本取り）

600

ストレートS
600（1本取り）

バックS
600（1本取り）

77

ストレートS
578（1本取り）

バックS
600（1本取り）

832

600

857

チェーンS
2500（1本取り）

600

800

ストレートS
（1本取り）

バックS
600（1本取り）

22

ストレートS 578（1本取り）

ストレートS
482（1本取り）

ストレートS
2500（1本取り）

525

バックS
600（1本取り）

482

600

チェーンS
2500（1本取り）

525

600

ストレートS
（1本取り）

20

ストレートS
574（1本取り）

ストレートS
600（1本取り）

241A

バックS
600（1本取り）

600

バックS
600（1 本取り）

241A

600

ストレートS
（1本取り）

85

指定以外は肌はZIG fabricolor
ナチュラルベージュ、
頬はベビーピンクを塗る
指定以外はアウトラインS（1本取り）

サッカー・野球・柔道・バスケットボール・バレーボール・陸上

世界のネエサン

民族衣装を着たネエサンです。
髪型や帽子にも注目してください。

China

Republic of Korea

Vietnam

Japan

Myanmar

Asia

Mongolia

India

Singapore

Indonesia

材料　100 ネエサンカットクロス、COSMO25 番刺繍糸、にしきいと（ラメ糸）、布用ペン（ZIG fabricolor、NUNO DECO PEN）、布（NUNO DECO TAPE）、紙

肌は NUNO DECO PEN-DOT- キャメルか ZIG fabricolor ナチュラルベージュ、
頬はベビーピンクを塗る

サテンS
600（1 本取り）

フレンチノットS
300（1 本取り 2 回巻き）

バックS
600（1 本取り）

ストレートS
にしきいと 18

布を貼る

レゼーデージーS
にしきいと 18
（1/4 本取り）

バックS
600（1 本取り）

サテンS
600（1 本取り）

49

アウトラインS
307（1 本取り）

チェーンS
705A（1 本取り）

サテンS
110（1 本取り）

バックS
600（1 本取り）

アウトラインS
241A（1 本取り）

アウトラインS
2500（1 本取り）

ストレートS
307（1 本取り）

83

アウトラインS
345（1 本取り）

ストレートS
にしきいと 22
（1/4 本取り）

レゼーデージーS
にしきいと 22
（1/4 本取り）

ストレートS
345（1 本取り）

ストレートS
にしきいと 22
（1/4 本取り）

フレンチノットS
にしきいと 22
（2 回巻き）

布を貼る

ストレートS
573（1 本取り）
ストレートS
573（2 本取り）

バックS
600（1 本取り）

ストレートS
573（1 本取り）

サテンS
345（1 本取り）

ストレートS
600（1 本取り）

84

アウトラインS
4311（1 本取り）

ストレートS
2117（1 本取り）

アウトラインS
2004（2 本取り）

アウトラインS
2664（2 本取り）

ストレートS（1 本取り）
414A（青）、798（赤）、
2500（白）、2004（黄）、
600（黒）

アウトラインS
798（2 本取り）

バックS
600（1 本取り）

59

アウトラインS
600（1 本取り）

アウトラインS（2 本取り）
174（濃紫）、553（薄紫）
682（黄緑）、2117（緑）
241A（赤）

ストレートS
241A（2 本取り）

バックS
600（1 本取り）

布を貼る

レゼーデージーS
にしきいと 18

ストレートS
（1 本取り）
110（白）、241A（赤）、2117（緑）

10×3mm の紙に糸を巻き付けて
ボンドで付ける（2 本取り）
110（白）、241A（赤）、2117（緑）、
553（薄紫）、286（濃紫）
左下で糸をたらす

アウトラインS（1 本取り）
682（黄緑）、241A（赤）、110（白）

65

アジア　中国　韓国　ベトナム　日本　ミャンマー

080

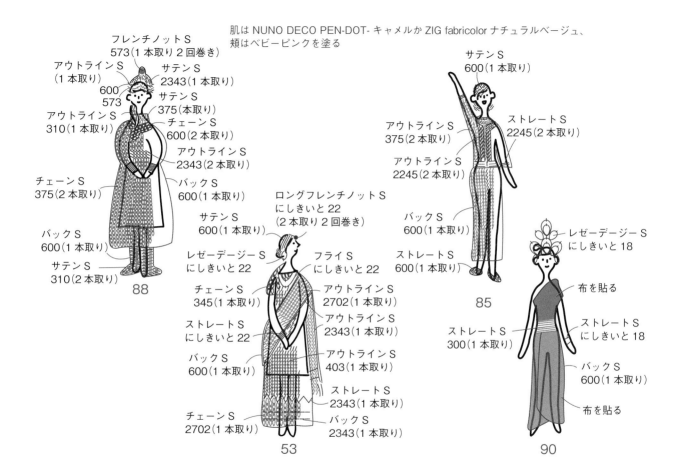

肌は NUNO DECO PEN-DOT- キャメルか ZIG fabricolor ナチュラルベージュ、
頬はベビーピンクを塗る

88

フレンチノット S
573(1 本取り 2 回巻き)

アウトライン S
(1 本取り)
600
573

サテン S
2343(1 本取り)

アウトライン S
310(1 本取り)

サテン S
375(本取り)

チェーン S
600(2 本取り)

アウトライン S
2343(2 本取り)

チェーン S
375(2 本取り)

バック S
600(1 本取り)

バック S
600(1 本取り)

サテン S
310(2 本取り)

53

ロングフレンチノット S
にしきいと 22
(2 本取り 2 回巻き)

サテン S
600(1 本取り)

レゼーデージー S
にしきいと 22

フライ S
にしきいと 22

チェーン S
345(1 本取り)

アウトライン S
2702(1 本取り)

ストレート S
にしきいと 22

アウトライン S
2343(1 本取り)

バック S
600(1 本取り)

アウトライン S
403(1 本取り)

ストレート S
2343(1 本取り)

チェーン S
2702(1 本取り)

バック S
2343(1 本取り)

85

サテン S
600(1 本取り)

アウトライン S
375(2 本取り)

ストレート S
2245(2 本取り)

アウトライン S
2245(2 本取り)

バック S
600(1 本取り)

ストレート S
600(1 本取り)

90

レゼーデージー S
にしきいと 18

布を貼る

ストレート S
300(1 本取り)

ストレート S
にしきいと 18

バック S
600(1 本取り)

布を貼る

アジア　モンゴル　インド　シンガポール　インドネシア

France

Ukraine

Europe

Slovenia

Serbia

Estonia

Iceland

North Macedonia

Europe

LONDON COL ER. LTD.
Available from point indicated by the
punch-hole and must be shown on
demand. NOT TRANSFERABLE.

083

Austria

Greece

Switzerland

Netherands

肌は ZIG fabricolor ナチュラルベージュを塗る

13

アウトラインS
2500（1 本取り）

ストレートS
241A（1 本取り）

サテンS
310（1 本取り）
631
2500

フレンチノットS
241A（2 本取り）
2 回巻き）

アウトラインS
166（1 本取り）

ストレートS
631（1 本取り）

アウトラインS
2500（1 本取り）

バックS
600（1 本取り）

チェーンS
600（1 本取り）

ストレートS
（1 本取り）
2500（白）、166（青）、
241A（赤）、
2004（黄）

サテンS
2702（1 本取り）

5

フレンチノットS
2005（2 本取り 2 回巻き）

サテンS
2005（1 本取り）

アウトラインS
600（1 本取り）

チェーンS
2500（1 本取り）

ストレートS
600（1 本取り）

布を貼る

バックS
600（1 本取り）

ストレートS
600（1 本取り）

12

サテンS
346（1 本取り）

アウトラインS
167（1 本取り）

バックS
600（1 本取り）

布を貼る

365

アウトラインS
2500（2 本取り）

バックS
600（1 本取り）

アウトラインS
167（1 本取り）

ストレートS
167（1 本取り）

8

サテンS
600（1 本取り）

アウトラインS
346（2 本取り）

チェーンS
2500（1 本取り）

ストレートS
600（1 本取り）

布を貼る

チェーンS
2500（1 本取り）

ストレートS
600（1 本取り）

ブランケットS
2500（1 本取り）

ストレートS
346（1 本取り）

バックS
600（1 本取り）

チェーンS
（1 本取り）
415A（青）、346（赤）

ストレートS
（1 本取り）
415A（青）、346（赤）

ヨーロッパ　オランダ　オーストリア　ギリシャ　スイス

材料 100 ネエサンカットクロス、COSMO25 番刺繍糸、布用ペン（ZIG fabricolor）、布（NUNO DECO TAPE）

肌は ZIG fabricolor ナチュラルベージュを塗る

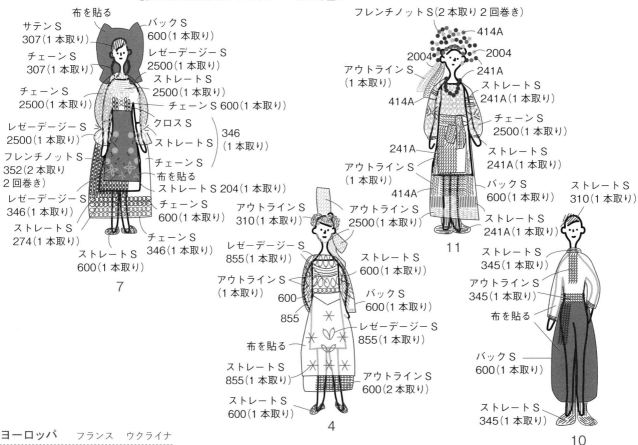

布を貼る

サテンS
307（1 本取り）

チェーンS
307（1 本取り）

チェーンS
2500（1 本取り）

レゼーデージーS
2500（1 本取り）

フレンチノットS
352（2 本取り
2 回巻き）

レゼーデージーS
346（1 本取り）

ストレートS
274（1 本取り）

ストレートS
600（1 本取り）

バックS
600（1 本取り）

レゼーデージーS
2500（1 本取り）

ストレートS
2500（1 本取り）

チェーンS 600（1 本取り）

クロスS

ストレートS
346
（1 本取り）

チェーンS

布を貼る
ストレートS 204（1 本取り）

チェーンS
600（1 本取り）

チェーンS
346（1 本取り）

7

フレンチノットS（2 本取り 2 回巻き）

414A

2004

2004

アウトラインS
（1 本取り）

414A

241A

ストレートS
241A（1 本取り）

チェーンS
2500（1 本取り）

241A

ストレートS
241A（1 本取り）

アウトラインS
（1 本取り）

414A

アウトラインS
2500（1 本取り）

バックS
600（1 本取り）

ストレートS
241A（1 本取り）

ストレートS
241A（1 本取り）

11

アウトラインS
310（1 本取り）

レゼーデージーS
855（1 本取り）

アウトラインS
（1 本取り）

600

855

布を貼る

ストレートS
855（1 本取り）

ストレートS
600（1 本取り）

ストレートS
600（1 本取り）

バックS
600（1 本取り）

レゼーデージーS
855（1 本取り）

アウトラインS
600（2 本取り）

4

ストレートS
310（1 本取り）

ストレートS
345（1 本取り）

アウトラインS
345（1 本取り）

布を貼る

バックS
600（1 本取り）

ストレートS
345（1 本取り）

10

ヨーロッパ フランス ウクライナ

肌は ZIG fabricolor ナチュラルベージュを塗る

ストレート S 2500（1 本取り）

アウトライン S
286（1 本取り）
ストレート S
2702（1 本取り）
ストレート S
（1 本取り）
553（薄紫）、
286（濃紫）、
535（緑）
バック S
にしきいと 203
ストレート S
553（1 本取り）
サテン S
600（1 本取り）

ビーズ
アウトライン S
553（1 本取り）
アウトライン S
2245（1 本取り）
チェーン S
2500（1 本取り）
バック S
600（1 本取り）
チェーン S
2245（1 本取り）

14

サテン S
2702（1 本取り）
アウトライン S
2702（1 本取り）
チェーン S
2500（1 本取り）
レゼーデージー S
2500（1 本取り）
アウトライン S
（2 本取り）
214（青）、
1241（赤）、
701（黄）
ストレート S
600（1 本取り）

サテン S 1241（1 本取り）

ストレート S
2500（1 本取り）
ストレート S
1241
（1 本取り）
バック S
600（1 本取り）

701

アウトライン S
（2 本取り）
1241

3

サテン S 574（1 本取り）

アウトライン S
2500（1 本取り）
367
アウトライン S
（1 本取り）
857
チェーン S
2500（1 本取り）
857
レゼーデージー S
（1 本取り）
サテン S
857（1 本取り）
345

フレンチノット S
857（2 本取り 2 回巻き）
ストレート S
600（1 本取り）
367
バック S
600（1 本取り）
アウトライン S
367（1 本取り）
フレンチノット S
367（2 本取り 2 回巻き）
アウトライン S
2500（1 本取り）
チェーン S
345（1 本取り）
サテン S
600（1 本取り）

9

サテン S
310（1 本取り）
フレンチノット S
（2 本取り 2 回巻き）
2004
241A
チェーン S
2500（1 本取り）
バック S
600（1 本取り）
布を貼る
アウトライン S
2500（1 本取り）
ストレート S
600（1 本取り）

ストレート S
2500（1 本取り）
310
チェーン S
（1 本取り）
600
2702
ストレート S
241A
（1 本取り）
フレンチノット S
241A（2 本取り
2 回巻き）

15

サテン S
600（1 本取り）
サテン S
578（1 本取り）
アウトライン S
578（1 本取り）
600
チェーン S
（1 本取り）
2500
バック S
600（1 本取り）
チェーン S
600（1 本取り）

レゼーデージー S
329（1 本取り）
ストレート S
329（1 本取り）
クロス S
307（1 本取り）
バック S
（1 本取り）
307（ベージュ）、
1241（赤）
ストレート S
600（1 本取り）

2

North & South America

Dominican Republic

Peru

Brazil

Mexico

Colombia

Cuba

America

Canada

State of Hawaii

North America

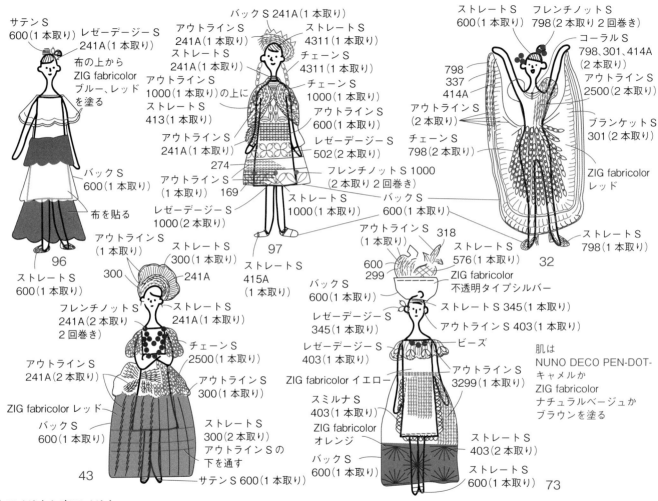

サテンS
600(1本取り)

レゼーデージーS
241A(1本取り)

布の上から
ZIG fabricolor
ブルー、レッド
を塗る

バックS
600(1本取り)

布を貼る

ストレートS
600(1本取り)

96

バックS 241A(1本取り)

アウトラインS
241A(1本取り)

ストレートS
241A(1本取り)

アウトラインS
1000(1本取り)の上に

ストレートS
413(1本取り)

アウトラインS
241A(1本取り)

274

アウトラインS
(1本取り) 169

レゼーデージーS
1000(2本取り)

ストレートS
4311(1本取り)

チェーンS
4311(1本取り)

チェーンS
1000(1本取り)

アウトラインS
600(1本取り)

レゼーデージーS
502(2本取り)

フレンチノットS 1000
(2本取り2回巻き)

バックS
1000(1本取り)

ストレートS
415A
(1本取り)

97

ストレートS
600(1本取り)

フレンチノットS
798(2本取り2回巻き)

コーラルS
798、301、414A
(2本取り)

アウトラインS
2500(2本取り)

798
337
414A

アウトラインS
(2本取り)

チェーンS
798(2本取り)

ブランケットS
301(2本取り)

ZIG fabricolor
レッド

ストレートS
798(1本取り)

32

アウトラインS
(1本取り)

300

300

フレンチノットS
241A(2本取り)
2回巻き)

アウトラインS
241A(2本取り)

ZIG fabricolor レッド

バックS
600(1本取り)

ストレートS
300(1本取り)

241A

ストレートS
241A(1本取り)

チェーンS
2500(1本取り)

アウトラインS
300(1本取り)

ストレートS
300(2本取り)
アウトラインSの
下を通す

サテンS 600(1本取り)

43

アウトラインS
(1本取り) 318

600
299

バックS
600(1本取り)

レゼーデージーS
345(1本取り)

レゼーデージーS
403(1本取り)

ZIG fabricolor イエロー

スミルナS
403(1本取り)

ZIG fabricolor
オレンジ

バックS
600(1本取り)

ストレートS
576(1本取り)

ZIG fabricolor
不透明タイプシルバー

ストレートS 345(1本取り)

アウトラインS 403(1本取り)

ビーズ

アウトラインS
3299(1本取り)

ストレートS
403(2本取り)

ストレートS
600(1本取り) 73

肌は
NUNO DECO PEN-DOT-
キャメルか
ZIG fabricolor
ナチュラルベージュか
ブラウンを塗る

北アメリカと南アメリカ　　ドミニカ共和国　ペルー　ブラジル　メキシコ　コロンビア　キューバ

材料　100 ネエサンカットクロス、COSMO25 番刺繍糸、布用ペン（ZIG fabricolor、NUNO DECO PEN）、好みのフェルトやビーズ、布（NUNO DECO TAPE）

肌は NUNO DECO PEN-DOT- キャメルか ZIG fabrocolor ナチュラルベージュを塗る

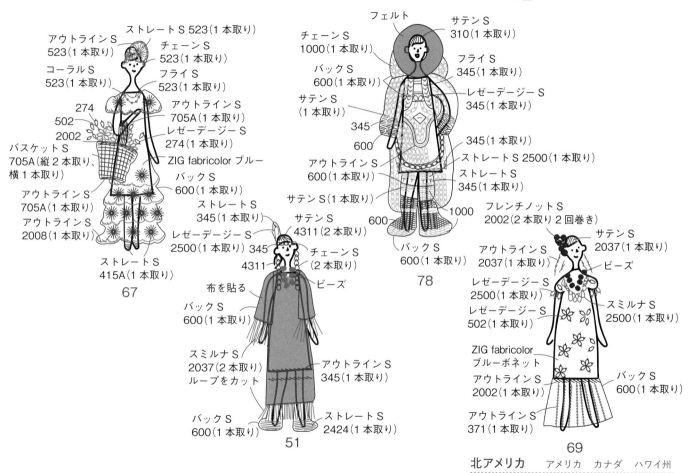

67

アウトライン S 523（1 本取り）
ストレート S 523（1 本取り）
チェーン S 523（1 本取り）
コーラル S 523（1 本取り）
フライ S 523（1 本取り）
アウトライン S 705A（1 本取り）
274
502
2002
レゼーデージー S 274（1 本取り）
バスケット S 705A（縦 2 本取り、横 1 本取り）
ZIG fabricolor ブルー
アウトライン S 705A（1 本取り）
バック S 600（1 本取り）
アウトライン S 2008（1 本取り）
ストレート S 345（1 本取り）
レゼーデージー S 2500（1 本取り）
ストレート S 415A（1 本取り）

51

布を貼る
バック S 600（1 本取り）
スミルナ S 2037（2 本取り）ループをカット
サテン S 4311（2 本取り）
345
4311
チェーン S（2 本取り）
ビーズ
アウトライン S 345（1 本取り）
バック S 600（1 本取り）
ストレート S 2424（1 本取り）

78

フェルト
チェーン S 1000（1 本取り）
サテン S 310（1 本取り）
バック S 600（1 本取り）
フライ S 345（1 本取り）
サテン S（1 本取り）
レゼーデージー S 345（1 本取り）
345
600
345（1 本取り）
ストレート S 2500（1 本取り）
ストレート S 345（1 本取り）
アウトライン S 600（1 本取り）
サテン S（1 本取り）
1000
600
バック S 600（1 本取り）

69

フレンチノット S 2002（2 本取り 2 回巻き）
サテン S 2037（1 本取り）
アウトライン S 2037（1 本取り）
ビーズ
レゼーデージー S 2500（1 本取り）
レゼーデージー S 502（1 本取り）
スミルナ S 2500（1 本取り）
ZIG fabricolor ブルーボネット
アウトライン S 2002（1 本取り）
バック S 600（1 本取り）
アウトライン S 371（1 本取り）

北アメリカ　アメリカ　カナダ　ハワイ州

Africa

Lesotho

Kenya

Namibia

Ghana

Egypt

Ethiopia

材料 100 ネエサンカットクロス、COSMO25 番刺繍糸、にしきいと（ラメ糸）、布用ペン（ZIG fabricolor、NUNO DECO PEN）、布（NUNO DECO TAPE）

肌は NUNO DECO PEN-DOT- キャメルか ZIG fabricolor ブラウンで塗る

アウトラインS 572
（2本取り）
274
バックS 798
600（2本取り）
サテンS
578（1本取り）
ZIG fabricolor
コバルトブルー
バックS
600
（2本取り）
ZIG fabricolor
ブラウン
布を貼る
ストレートS
600（1本取り）
52

布を貼る
アウトラインS
600（1本取り）
バックS
600（1本取り）
布を貼る
81

サテンS 600（1本取り）
アウトラインS
600（1本取り）
バックS
600（1本取り）
布を貼る
ストレートS
にしきいと 18
レゼーデージーS
にしきいと 18
ストレートS
600（1本取り）
布の上に
ZIG fabricolor
不透明タイプ
ゴールド
55

フレンチノットS
600（1本取り2回巻き）
600サテンS（1本取り）
レゼーデージーS
502（2本取り）
502
300
フライS
（2本取り）
NUNO DECO PEN
-DOT- オレンジ
布を貼る
バックS
600（1本取り）
89

ブリオンS
600（1本取り）
サテンS
600（1本取り）
フライS
にしきいと 18
ストレートS
にしきいと 18
外から
273（緑）、2004（黄）
2343（ピンク）
バックS
600
（1本取り）
ストレートS
にしきいと 18
2343（ピンク）、
273（緑）、2004（黄）
を繰り返す
ストレートS
600（1本取り）
86

ストレートS
600（1本取り）
布の上に
ZIG fabricolor
不透明タイプ
ホワイト
バックS
600（1本取り）
ZIG fabricolor
ブラック
布を貼る
ストレートS
600（1本取り）
1

アフリカ　レソト　ケニヤ　ナミビア　ガーナ　エジプト　エチオピア

付録の布でネエサンを作ろう

表紙裏に付いている付録の使い方です。
セットになっているネエサン 2 人と糸を使います。

1. 下準備

01 布の縁を手縫い糸や刺繍糸1、2 本取りであらく巻きかがりをしておきます。刺繍針と 8cm くらいの刺繍枠を用意します。ちいさい布は手で持って刺繍できるので、枠はなくてもかまいません。ふっくらさせたいときは中に綿を詰めるので、手芸綿も用意します。

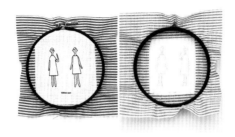

02 刺繍枠を使う場合は、枠にはれる大きさの布にネエサンを重ねて縁を巻きかがりします。布の裏はくり抜いておきます。

2. 刺繍

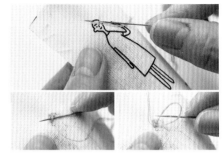

03 髪をサテンステッチ 2 本取りで刺します。刺し始めは玉結び、刺し終わりは裏に針を出して糸始末をします。裏に渡った糸をすくって糸を引き切る前に輪に針を通し、糸を引いてカットします。

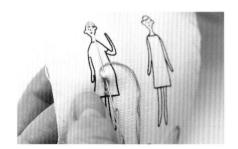

04 チェーンステッチ 3 本取りで服を刺します。ここではシンプルに中央に 1 列だけ刺します。最後まで刺したら、髪と同様に裏で糸始末をします。

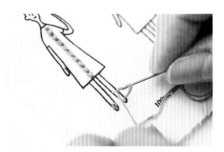

05 靴を刺します。フレンチノットステッチ 3 本取りで刺します。糸は 2 回巻きます。もう 1 人のネエサンもランニングステッチとストレートステッチで同様に刺します。

完成！

3. チャームに仕立てる

06 楕円テンプレートで形をとります。ネエサンが入って周囲に縫い代が付けられる形なら何でもかまいません。ここでは長さ7cm 幅2.2cmの楕円を使っています。

07 約0.7cmの縫い代を付けて周囲をカットします。

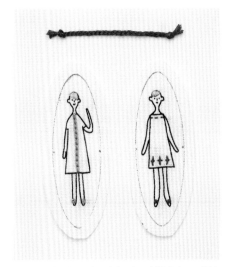

08 2人ともカットできました。刺繍糸を三つ編みして長さ6cmほどのループを作っておきます。

09 ネエサン同士を印を合わせて外表に重ね、ランニングステッチ3本取りで印の上を縫います。

10 上中心で二つ折りしたループをはさみます。

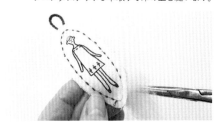

11 そのままぐるりと縫ったら少し残して針を休め、手芸綿を詰めます。鉗子を使うと奥まで入れやすくなります。

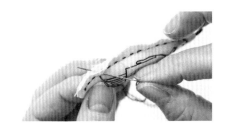

12 休めていた針で残りを縫います。最後は布の間に針を出し、玉止めをします。

完成！

13 布の間に薄くボンドを付けて補強します。布端のほつれ止めにもなります。

小物に仕立てる

刺したネエサンをさらに小物に仕立ててもかわいくなります。
ここでは簡単にキットの布を利用したものと布を自由にアレンジしたものを紹介します。

embroidery lesson

dress & hair

satin stitch   french knot stitch   straight stitch   chain stitch   running stitch

チャームのキットの布だけを使用。
キットのネエサンとは違う服のデザイ
ン、刺繍糸を使っています。右上と
左下は周囲をブランケットステッチで
刺しています。

How to make ▶ 094・098 ページ